繁體版

周易入門

張善文　撰

上海古籍出版社

圖書在版編目(CIP)數據

周易入門：繁體版 / 張善文撰. -- 上海：上海古籍出版社，2024.11. -- ISBN 978-7-5732-1376-1

Ⅰ.B221

中國國家版本館 CIP 數據核字第 2024EJ5092 號

周易入門(繁體版)

張善文　撰

上海古籍出版社出版發行

（上海市閔行區號景路 159 弄 1－5 號 A 座 5F　郵政編碼 201101）

（1）網址：www.guji.com.cn

（2）E-mail：guji1@guji.com.cn

（3）易文網網址：www.ewen.co

江陰市機關印刷服務有限公司印刷

開本 890×1240　1/32　印張 6.125　插頁 5　字數 122,000

2024 年 11 月第 1 版　2024 年 11 月第 1 次印刷

印數：1—3,100

ISBN 978－7－5732－1376－1

B・1432　定價：42.00 元

如有質量問題,請與承印公司聯繫

前　言

　　《周易》這部書，充滿了神秘色彩。

　　舊時江湖上賣卜的術士，常常高懸"文王神卦"的奇幡，招徠一群群求問吉凶禍福的人們；至今仍存留一些老宅，門楣上尚可發現類似蜘蛛網狀的八卦圖案，以爲驅邪納福之用。《周易》真有這麼神奇嗎？

　　前代的聖賢名哲，從孔子讀《易》，韋編三絶開始，到漢魏六朝的孟喜、焦贛、京房、司馬遷、班固、馬融、鄭玄、劉表、虞翻、王弼、阮籍，唐宋的孔穎達、李鼎祚、司馬光、歐陽修、蘇軾、邵雍、周敦頤、程頤、朱熹、楊萬里，以及元明清以降的胡一桂、來知德、黃道周、李光地、陳夢雷、惠棟、張惠言、焦循等人，都孜孜不倦地探研易理，各有重要創獲。歷代朝廷以科舉取士，均將《周易》冠於群經之首，士子學人遂視《周易》爲必讀之教科書。累積至今，諸家撰成傳世的治《易》著述較群經爲最多，而易學終亦成爲一項精微奇妙的專門學問。《周易》果然如此精奧嗎？

　　朱熹曾經説過：《周易》難讀，它説一物並非真是一物，它是用卦象來喻示人生道理（見《朱子語類》）。翻開《周易》，讀者看到的是令人眼花繚亂的八卦、六十四卦符號，以及晦澀艱深的卦辭、爻辭，初覽之下，未免如丈八金剛摸不著頭腦。無怪乎像朱子這樣的大學問家在注解《周易》時也留下不少"闕疑"、"未詳"之處。《周易》確實這樣難讀嗎？

萬事開頭難，讀書入門難。筆者撰寫此册文字，旨在針對基本的易學問題，叙談有關研探《周易》的一些必備常識，幫助初學者尋求治《易》的正確途徑。然撰者未敢自信讀此書者必能即刻洞徹易理，此固非一朝一夕之功也；惟能緣此而漸悟讀《易》要領，則筆者之願足矣。

著名易學專家、本師黃壽祺教授曾審閱此書稿。學術沿承，淵源有自，雖一册小書，微不足道，然師恩實未可忘也，謹兹誌之。

張善文

目　錄

前　言　…………………………………………………………　1

第一章　《周易》包括哪些内容　………………………………　1

第二章　《周易》命名的含義何在　……………………………　15

第三章　誰是《周易》的作者…………………………………　20

第四章　讀《周易》必須注意哪些基本條例　…………………　29

第五章　怎樣理解《周易》的性質　……………………………　39

第六章　八卦有哪些象徵意義…………………………………　48

第七章　如何領會六十四卦的擬象原理　………………………　59

第八章　六十四卦的排列順序有何意義…………………………　86

第九章　爲什麼説《乾》《坤》是《周易》的門户　……　96

第十章　《周易》是用來算卦占筮的嗎　………………………　125

第十一章　太極圖是怎麼一回事　……………………………　146

第十二章　《周易》學説的流傳經過了幾個階段　……………　158

第十三章　研究《周易》應當掌握哪些主要方法　………　183

後　記　…………………………………………………………　190

第一章 《周易》包括哪些内容

在尚未理清《周易》内容的頭緒之前，讀者或許認爲此書繁雜萬端，難以閱讀。其實，一言以蔽之，今本《周易》的全部內容不過包括 "經"、"傳" 兩部分。

一、"經" 部分，含六十四卦的卦形符號和卦爻辭

（一）六十四卦的卦形符號

談到《周易》的六十四卦，不能不先敘及 "八卦"；敘及 "八卦"，又不能不先推述 "陰陽" 概念。不論是八卦，還是六十四卦，均由 "陰"、"陽" 兩種符號組構而成。《周易》的 "陰"、"陽" 符號，分別呈中斷的與相連的綫條形狀，其式如下：

陰　　　　　陽

━━　━━　　　━━━━━

古人用這兩種符號代表 "陰"、"陽"，其所喻示的事物、

現象至爲衆多。在古人心目中，寒暑、日月、男女、晝夜、表裏、正反、勝負、黑白等，均屬陰陽範疇。我們甚至可以想象，倘若創造陰陽符號的那位古人有幸活到現在，懂得今天陰電、陽電，正極、負極，正數、負數等物理、數學概念，他也一定會將之納入這兩種符號的象徵類例中去。

此後，古人將這兩種符號三叠而成八種不同形狀的三畫綫條組合體，構成不同的卦形，命爲不同的卦名，並擬取不同的象徵物，其間的對應關係是：

卦　形	卦　名	象徵物
☰	乾	天
☷	坤	地
☳	震	雷
☴	巽	風
☵	坎	水
☲	離	火
☶	艮	山
☱	兑	澤

這就是"八卦"（也稱"經卦"）。八卦又各具特定的象徵意義，即：乾之義爲"健"，坤之義爲"順"，震之義爲"動"，巽（音訓 xùn）之義爲"入"，坎之義爲"陷"，離之義爲"麗"（附著），艮之義爲"止"，兑之義爲"説"（悦）。

八卦所含這八種象徵意義基本不變，但各卦的象徵物除了上表所列八種主要物象之外，尚可依類博取。這些，本書下幾章還將專題詳述。

由於八卦的象徵旨趣在六十四卦大義中得到反復印證，因此，理解、熟悉八卦的構成形態與名義，是探討《周易》的第一層階梯。當然，要記住這八個複雜的卦形也不是太容易的，好在朱熹《周易本義》卷首載有一首《八卦取象歌》説：

☰乾三連，☷坤六斷；
☳震仰盂，☶艮覆碗；
☲離中虛，☵坎中滿；
☱兑上缺，☴巽下斷。

這八句，把八卦的卦形特點講述得十分明白易懂。它説："乾卦是三條完整相連的綫組成，坤卦是斷爲六截的短綫組成；震卦像仰放的罐盂，艮卦像覆置的盆碗；離卦中綫虛虧，坎卦中綫完整；兑卦上綫缺口，巽卦下綫中斷。"根據數學的組合排列原理，兩種符號（--、—）三疊所成的結果，只能出現這八種卦式。而《周易本義》附載這首歌訣，能幫助熟記八卦的卦形，初讀《周易》者務必背誦不忘。

接著，古人又將八卦兩兩相重，於是產生了六十四種不同形狀的六畫綫組合體，即"六十四卦"（也稱"別卦"）。每

卦中居下的三畫稱“下卦”（或“內卦”），居上的三畫稱
“上卦”（或“外卦”）。六十四卦各有各的卦名及所喻示的
象徵涵義。其中凡屬八卦自相重成之卦，仍以八卦之本名爲卦
名；凡八卦交錯重成之卦，則別取一名。如兩乾相重，仍名
《乾》卦（䷀），擬取天體運行不止之象，喻示開創萬物的
“陽剛元氣”之發展規律；坤下離上相重，則爲《晉》卦
（䷢），擬取火在地上、如日昇起之象，喻示事物“晉長”之
時的情狀。其他諸卦無不如是，均以六畫形的象徵符號，反映
作者對自然界、人類社會的種種認識，喻示各種事物、現象特
定的發展程序、哲學義理。六十四卦出現的最重大作用是：形
成了《周易》以陰陽綫條爲核心，以八卦物象爲基礎的完整
的符號象徵體系。

六十四卦的每一卦，皆有六條綫條，這些綫條被稱爲
“爻”。其中陽爻（—）均以數字“九”代表，陰爻（--）
均以數字“六”代表。因此，《周易》所言“九”，皆指陽
爻；所言“六”，皆指陰爻。每卦六畫，又有高低不等的“爻
位”，自下而上，分別稱爲“初位”、“二位”、“三位”、“四
位”、“五位”、“上位”。於是，各卦凡是陽爻（九）居此六
位者，依次稱“初九”、“九二”、“九三”、“九四”、“九五”、
“上九”；凡是陰爻（六）居此六位者，依次稱“初六”、“六
二”、“六三”、“六四”、“六五”、“上六”。舉《乾》、《坤》
兩卦爲例，可以展示每卦中陰陽爻位及下卦（內卦）、上卦
（外卦）的程式：

為什麼六十四卦中每卦六爻位序均自下而上排次呢？前人解釋説：這是《易》氣從下生的原理。此説頗有理趣，只要我們觀察到一切事物均是從小及大、由低漸高、自幼而壯的發展情實，則必然對《易》卦爻序的這種排列嘆為精確合理了。

寫到這裏，六十四卦卦形的要點已大略涉及，而必須強調指出的是：六十四卦的構成，以八卦為基礎；八卦的產生，又以陰陽爻畫為根柢。因此，陰陽兩爻，實屬《周易》六十四卦符號系統的内核。

（二）六十四卦的卦爻辭

《周易》"經"部分的另一方面重要内容，是六十四卦的卦辭以及諸卦各爻的爻辭。

卦爻辭是附繫於六十四卦符號下的文辭，分別表明各卦各爻的寓意。卦辭每卦一則，總括全卦大意；爻辭每爻一則，揭示該爻旨趣。《周易》共有六十四卦，三百八十四爻，故相應有 64 則卦辭、384 則爻辭（因《乾》、《坤》兩卦分別多出"用九"、"用六"文辭，故有人亦將之合入爻辭計算，謂有 386 則文辭）。

卦爻辭的出現，有兩大意義：

其一，使《周易》"經"部分成爲卦形符號與語言文字有機結合的一部特殊的哲學著作。本來，僅有六十四卦符號，不過是一套自成象徵體系的圖案而已；加入文字，圖文參證，則使之具備哲理書籍的規模。

其二，使"《易》象"從隱晦的符號暗示，發展爲用文字表述的、帶有一定文學性的象徵形象。如果僅憑卦爻符號，一卦一爻的內在含義未能顯明；有了卦辭、爻辭的説明，卦爻的象徵意義遂獲得文字形式的喻示，便於讀者理解。

卦爻辭的基本特色是"假象喻意"，即借用人們生活中習見常聞的物象，通過文字的具體表述，使卦形、爻形內涵的象徵旨趣更爲鮮明生動。如《中孚》卦（☲），卦名"中孚"的意思是"中心誠信"，九二爻以陽居下卦第二位，與上卦九五真誠相應，象徵篤實誠信的"君子"，故爻辭用譬喻性語言説道："鳴鶴在陰，其子和之；我有好爵，吾與爾靡之。"意思是："鶴鳥在山陰鳴唱，其子聲聲應和；我有一壺美酒，願與你共飲同樂。"這些擬取生動的事象、物象來説明卦義、爻義的文辭，稱爲"擬象辭"。擬象辭中有不少是用韻文寫成的，如上引一則甚至採用了"比興"的手法。所以宋代陳騤《文則》認爲《周易》的文辭像詩歌，

並説有些卦爻辭足以與《詩經》相媲美，這是很正確的
説法。

卦爻辭的另一方面特色，是常用"吉"、"凶"、"利"、
"貞"、"无咎"等詞來表示該卦該爻所寓含的對事物、現象或
褒或貶的義理。這些揭示利弊之詞，稱爲"占驗辭"。占驗辭
在《周易》六十四卦、三百八十四爻中出現至多，《周易》經
文因之帶有濃厚的卜筮色彩。

《周易》六十四卦經文有一定的編排次序，前三十卦（自
《乾》卦到《離》卦）爲"上經"，後三十四卦（自《咸》卦
至《未濟》卦）爲"下經"。先秦文獻（如《左傳》、《國語》
等）所稱"《周易》"者，特指"經"部分。因此，當卦爻
辭撰成之後，一部兼具卦形和文辭兩大要素的獨特的古代哲學
專著——《周易》，終於以完整的面目、嚴密的體系出現於
世，流傳不衰。

二、"傳"部分，含闡釋《周易》
經文的十篇專著

這些解經之論，包括《彖（音團去聲 tuàn）傳》上下，
《象傳》上下，《文言傳》，《繫辭傳》上下，《説卦傳》，《序
卦傳》，《雜卦傳》等七種十篇。這十篇的創作宗旨，均在解
説"經文"大義，猶如"經"之羽翼，故漢代人合稱之爲
《十翼》，後世亦統謂爲《易傳》。

（一）《彖傳》

《彖傳》隨上下經分爲上下兩篇，共 64 節，分釋六十四卦卦名、卦辭及一卦大旨。"彖"字之義，猶言"斷"，謂"斷定一卦之義"。《彖傳》闡釋卦名、卦辭、卦義的體例，往往取上下卦象、主要爻象爲説，多能指明每卦中的爲主之爻，而以簡約明瞭之文字論斷該卦主旨。

（二）《象傳》

《象傳》也隨上下經分爲上下兩篇，闡釋各卦的卦象及各爻的爻象。其中釋卦象者每卦一則，共 64 則，稱《大象傳》；釋爻象者每爻一則，共 384 則（《乾》、《坤》兩卦多出"用九"、"用六"文辭之象，若合計入，即有 386 則），稱《小象傳》。"象"字之義，猶言"形象"、"象徵"。《大象傳》的體例，是先釋每卦上下象相重之旨，然後從重卦的卦象中推衍出切近人事的象徵意義，文辭多取"君子"的言行、道德爲喻。如《損》卦的《大象傳》稱"山下有澤，損，君子以懲忿窒欲"，即表明該卦上艮（☶）爲山、下兑（☱）爲澤，有"損澤益山"、"損下益上"之象，君子當傚法此象，時時懲戒忿怒、抑止邪欲、自損不善。其他諸卦《大象傳》的義例，無不如是。《小象傳》的體例，是根據每爻的性質、處位特點，分析爻義吉凶利弊之所以然。如《明夷》卦六二爻《小象傳》曰："六二之吉，順以則也"，即指明此爻柔順中正，不違法則，故獲吉祥。其他諸爻《小象傳》義例亦均類此。《象傳》以言簡意明的文辭，逐卦逐爻地解說六十四卦、三百八十四爻的立象所在，使《周易》經文的象徵意趣有了比較整齊劃一的闡說。

（三）《文言傳》

《文言傳》分前後兩節，分別解說《乾》、《坤》兩卦的象徵意旨，故前節稱《乾文言》，後節稱《坤文言》。《文言》立名之義，即謂"文飾《乾》、《坤》兩卦之言"。《文言傳》所闡發《乾》、《坤》兩卦的卦辭與爻辭的意義，是在這兩卦《彖傳》、《象傳》的基礎上作出進一步的拓展，故其文意至爲深刻詳明而廣爲引申旁通。至於爲什麼《文言傳》只釋《乾》、《坤》兩卦，不涉及其他各卦？朱熹的《周易本義》認爲：是衍發《彖傳》、《象傳》之旨，以盡《乾》、《坤》兩卦的意蘊；而其餘六十二卦之說，即可依此例類推。

（四）《繫辭傳》

《繫辭傳》因其篇幅較長，分爲上下兩篇，前篇稱《繫辭上傳》，後篇稱《繫辭下傳》。"繫辭"兩字的名義，本指在六

十四卦的卦爻符號下撰繫文字，以成卦辭、爻辭，故亦爲卦爻
辭之別稱；但作爲《易傳》的一種，其意則是申説六十四卦
經文要領，條貫卦爻辭之基本義理。因此，《繫辭傳》可視爲
早期的《易》義通論。文中對《周易》“經”文的各方面内
容作了較爲全面、可取的辨析、闡發，有助於後人理解八卦、
六十四卦及卦爻辭的通常義例。其中有對《周易》作者、成
書年代的推測，有對《周易》“觀物取象”創作方法的追述，
或辨陰陽之理，或釋八卦之象，或疏解乾坤要旨，或展示
《易》筮略例，並穿插解説了 19 則爻辭的象徵意義（集中見
於《繫辭上傳》者 7 則，集中見於《繫辭下傳》者 11 則，散
見於《繫辭上傳》者 1 則，共 19 則）。當然，《繫辭傳》在通
説《易》義的過程中，也充分表露了作者的哲學觀點。但就
其創作宗旨分析，這些哲學觀點，又無不歸趨於《易》理範
疇。簡言之，《繫辭傳》的本質意義，在於抒發《易》理之精
微，展示讀《易》之範例。

（五）《説卦傳》

《説卦傳》是闡説八卦取象大例的專論。全文先追述作
《易》者用“蓍草”演卦之歷史；再申言八卦的兩種排列方位
（宋代人稱爲“先天”、“後天”方位）；然後集中説明八卦的
取象特點，並廣引衆多象例，是今天理解、探討《易》象產
生及推展的重要資料。其中言及八卦的最基本象例：乾爲天，

坤爲地，震爲雷，巽爲風（爲木），坎爲水，離爲火，艮爲山，兌爲澤；以及與之相對應的八種大體不變的象徵意義：乾健，坤順，震動，巽入，坎陷，離麗（附著），艮止，兌説（悦）。這在《周易》六十四卦象徵義理中幾乎是每卦必用的象喻條例，對於明確《周易》卦形符號的構成原理，具有不可忽視的參考價值。

（六）《序卦傳》

《序卦傳》旨在説明《周易》六十四卦的編排次序，揭示諸卦相承相受的意義。全文分兩段：前段叙上經《乾》至《離》三十卦次序，後段叙下經《咸》至《未濟》三十四卦次序。這種卦序，顯然是相沿已久的。而文中所明各卦相次依承的意義，含有事物向正面發展或向反面轉化的辯證觀點。可以説，《序卦傳》是一篇頗具哲理深度的六十四卦推衍綱要。

（七）《雜卦傳》

《雜卦傳》取名爲"雜"之義，猶言"雜糅衆卦，錯綜其義"，即打散《序卦傳》所揭示的卦序，把六十四卦重新排成32組兩兩對舉，同時以精要的語言概括卦旨。文中對舉的兩卦之間，其卦形的構成狀態或"錯"（亦稱"旁通"，意爲六爻相互交變，如《乾》☰與《坤》☷即是），或"綜"（亦稱

　　傳說上古時代，中國的黃河上通天界，河中出現了一條龍馬，馬背上佈滿神奇的圖案。聖人伏羲氏看到龍馬背上的圖案，十分認真地臨摹下來，同時結合仰觀天文、俯察地理，於是創作了八卦。據說他後來又把八卦重成六十四卦，終於奠定了《周易》卦形符號象徵體系的重要基礎。

"反對"，意爲卦體相互倒置，如《比》☷☵與《師》☵☷即是)，其卦義多成相反。這種"錯"、"綜"現象，是六十四卦符號形式的重要特徵。從《雜卦傳》一文，可以窺探出該傳作者對《周易》卦形結構的進一步認識，其哲學意義在於表明事物的發展在正反相對的因素中體現其變化規律。

上面，我們大體揭明了《易傳》七種的內容要點。同時，我們可以因之獲得這樣一種觀點：《易傳》諸篇的創作，儘管其抒論角度各不相同，或敘述的重點各有所主，但其基本宗旨無不就《周易》經文而發。那麼，作爲《周易》經文出現之後而產生的，並成爲自古以來衆所公認、無與倫比的解經專著的《易傳》，不但是今天研究《周易》經文的最重要"津梁"，而且其本身的哲學內涵也值得深入探討。

還應當指出，《易傳》七種原來都是單獨流行，後來被合入六十四卦經文並行。所以，今本《周易》中，凡《彖傳》、《象傳》均附於相應的六十四卦卦爻辭之後，《文言傳》分附於《乾》、《坤》兩卦之後，而《繫辭傳》、《說卦傳》、《序卦傳》、《雜卦傳》則依次列於六十四卦後。這種經傳合編的《周易》本子，是古代易學經師爲了便於學者以經文與傳文相對照誦讀而編成的。大約編定於漢魏期間，是當時崇尚經學的社會背景的一方面反映。後代學者多依此種本子研習，影響至爲廣泛，遂使《易傳》的學術價值提高到與"經"並駕齊驅的地位。乃至人們在傳述研究時論及《周易》一書，事實上往往兼指"經"、"傳"兩部分。唐代的孔穎達即用魏王弼的經傳合編本修撰《周易正義》，成爲後世治《易》者必讀的一部重要著作。故凡言《周易》者，其狹義雖曾特指"經"部分，其廣義則兼含"經"、"傳"兩者。

第二章 《周易》命名的含義何在

孔子曰："必也正名乎"，"名不正則言不順，言不順則事不成。"（《論語·子路》）讀書著書，其理亦無不同。故古代人凡著一部書，必重於立其名義。那麼，《周易》一書的取名，又寓有何義呢？這一問題，可以從兩方面分析。

一、"周"字的含義

"周"字之義，歷來有兩種説法。

（一）認爲"周"指周代，即謂《周易》是西周時代的書。這裏必須聯繫到古代文獻中叙及的三部均以六十四卦爲占筮（音是 shì）之用的書：《連山》、《歸藏》、《周易》。此説認爲，《連山》是神農時代的筮書，神農一稱"連山氏"；《歸藏》是黃帝時代的筮書，黃帝一稱"歸藏氏"。後來，《連山》爲夏代所用，《歸藏》爲商代所用。既然《連山》、《歸藏》兩書均以時代名書，則《周易》之"周"字亦因其爲西周之書而題"周"。故《周禮》合《連山》、《歸藏》、《周易》三書稱之爲"三易"。

（二）認爲"周"字義取"周普"。這一説法，對"三易"

別有一種解釋：謂《連山》以《艮》卦居六十四卦之首（艮爲山），象徵"山之出雲，連連不絕"，故取"連山"爲名；《歸藏》以《坤》卦居六十四卦之首（坤爲地），象徵"萬物皆歸藏於地中"，故取"歸藏"爲名；《周易》以《乾》、《坤》兩卦居六十四卦之首（乾坤爲天地），象徵"《易》道周普，猶天地之無所不備"。故《周易》之"周"字，義爲"周普"。

唐代孔穎達撰《周易正義》，認爲"因代以稱周"較爲合理。自孔氏以來，注《易》之家專主"周"爲代名者至爲衆多，今當從之。

二、"易"字的含義

"易"字之義，古今歧異之説尤多。擇其主要者，約有七種：

（一）許慎《説文解字》認爲，"易"是壁虎類動物"蜥易"的名稱，是個象形字。篆文"易"字寫作：

此字把它橫過來看，正像一隻壁虎，頭、身、足、尾俱全。這種"蜥易"，舊説能在一天 12 個時辰中改變 12 種顏色，以作掩護而免遭外物侵害，故假借爲"變易"之"易"。《周易》之書，言陰陽運行、萬物變化之理，遂取"易"字爲名。

（二）《周易乾鑿度》認爲，"易"字含有"簡易"、"變易"、"不易"三層意義。簡易，指《周易》的陰陽之理在人類社會、大自然之間處處可見，無所隱奥，毫不繁雜；變易，指《周易》之道，盡在於"變"，如四季更替周轉，事物運動、變化、發展之類均是；不易，指《周易》又把某些事理看成是不可變易的，如天在上、地在下，父尊子卑之類均是。

（三）《説文解字》又引"秘書説"認爲，"易"字的部首由上"日"下"月"構成，謂"日月爲易"，即取日月更迭、交相變易爲説。

（四）毛奇齡撰《仲氏易》，略總前人之説，認爲"易"兼有"變易"、"交易"、"反易"、"對易"、"移易"五義。所謂"反易"，即三國虞翻所言兩卦"反對"（卦體相互顛倒）；所謂"移易"，即東漢荀爽所言陰陽"升降"（陽爻上升，陰爻下降）；所謂"對易"，亦即虞翻所言兩卦"旁通"（兩卦六爻相互交變）。可見，毛氏多取漢魏易家説《易》條例以釋"易"名。

（五）吳汝綸《易説》認爲，"易"字本指"占卜"，古代掌占卜之官亦稱爲"易"。《周易》爲占卜之書，遂取以爲書名。

（六）余永梁著《易卦爻辭的時代及其作者》一文（載《歷史語言研究所集刊》第一卷第一期，1928 年出版），認爲筮法是周人所創，以代替或輔助卜法，較龜卜爲簡易，以其簡易，故名其書口《易》。此説與上舉《周易乾鑿度》所云"簡易"之義，名同而實異。

（七）黃振華著《論日出爲易》一文（載《哲學年刊》第
五輯，1968 年 11 月臺灣商務印書館印行），認爲殷代甲骨文
"易"字寫作：

這一字形象徵"日出"，上半部尖頂表示初出的太陽，中間弧
綫表示海的水平綫或山的輪廓綫，下半部三斜撇綫表示太陽的
光彩。並謂"日出"體現陰陽變化，故取"易"字爲書名，
大義亦主於"變易"。

綜觀以上諸説，立言紛紜。筆者認爲，"易"字之義，當
就其本義與後起義分別觀之。《繫辭上傳》説："聖人設卦觀
象，繫辭焉而明吉凶，剛柔相推而生變化。"《下傳》也説：
"八卦成列，象在其中矣；因而重之，爻在其中矣；剛柔相
推，變在其中矣；繫辭焉而命之，動在其中矣。"於此可見，
"易"之名書本義爲"變易"，《説文解字》所釋因"蜥易"
之名而取"變化"之義可從。"易簡"、"不變"等義，當爲
後起之説；而所謂"易"兼有"變易、交易、反易、對易、
移易"五義，實皆不出"變易"一義之範圍，舉"變易"而
五義可盡賅。至如以"日月"、"日出"釋字形者，其旨不離
"變易"，並可備爲參考。當前，歐美諸國漢學界對《周易》
書名的西語意譯，多作《變化的書》（The Book of Changes），
即是立足於"易"字本義，頗見確切。

　　要言之，《周易》的命名之義，"周"爲代名，"易"爲變易。古代文獻中引及《周易》，常簡稱《易》，亦可見"易"字爲名書大旨所在。

　　"六經"之名，起於孔門弟子（本章學誠《文史通義》説），然當時單稱某部典籍爲"某經"者諒未通行。至西漢初，《周易》被列爲學官的"經"書之一，學者遂普遍尊稱爲《易經》。

第三章　誰是《周易》的作者

　　每讀一部書，人們總想弄明白這部書是誰寫的，也就是明瞭這部書的作者。關於《周易》的作者，亦非一語所能講清。這裏我們從四方面展開分析。

一、"人更三聖，世歷三古"

　　我們既已講述了《周易》一書的内容及命名之義，讀者或許接著要問：這部書的作者究竟是誰？在什麽時代創作的呢？

　　這是一個頗爲複雜的問題。下面我們先介紹古代文獻中記載的三個富有傳奇色彩的有關《周易》經傳作者的故事。

　　其一，龍馬負圖，伏羲畫八卦。

　　相傳上古時代，黄河上通天界，河中出現了一匹龍馬，背上佈滿神奇的圖案。"聖人"伏羲氏見到龍馬背上的圖案，至爲驚奇，就將之臨摹下來，便成爲後來人所熟知的"八卦"。這是伏羲作八卦的一種傳説。

　　其二，周文王重卦並撰卦爻辭。

　　商末紂（音宙 zhòu）王時代，周伯姬昌（即西周時追號的"周文王")被紂拘囚於羑(音有 yǒu)里。姬昌處憂患之中,結合自身的坎坷遭遇,探研八卦之理,感慨大自然、人類社會的陰陽消長規律,於是將八卦重爲六十四卦,並寫成卦辭、爻辭各附諸卦、諸爻之下,藉以表達對宇宙間萬物發展變化、吉凶禍福的看法。這就是"文王拘而演《周易》",重《易》六爻,撰寫卦爻辭的傳説。

其三,孔子喜《易》,撰《易傳》十篇。

春秋末年,孔子感嘆"禮崩樂壞",以爲是"世道衰微,人心不古"所致。於是修訂《六經》,以"克己復禮"爲任。他對《周易》頗爲重視,曾經讀《易》"韋編三絶",即在長期研讀中把編繫《周易》簡册的牛皮制的細繩都磨斷了三次,足見讀《易》用力之勤。他還説:"加我數年,五十以學《易》,可以無大過矣。"(見《論語》)足見他對《易》崇拜之深。因此,孔子在晚年撰寫了《易傳》十篇,傳於後世。這就是孔子作《十翼》的説法。

以上三説,把《周易》經傳的作者均已囊括在內。西漢司馬遷撰《史記》,即採用此三説以明《周易》之創作。班固撰《漢書》,承司馬遷之説,對《周易》的作者問題作了簡要的總結。《漢書·藝文志》先引述《繫辭下傳》伏羲"始作八卦"諸語,又曰:"至於殷、周之際,紂在上位,逆天暴物,文王以諸侯順命而行道,天人之占可得而傚。於是重《易》六爻,作上下篇。孔氏爲之《彖》、《象》、《繫辭》、《文言》、《序卦》之屬十篇。故曰:《易》道深矣,人更三聖,世歷三古。"所謂"三聖"、"三古"之義，顏師古注引孟康説："伏羲爲上古，文王爲中古，孔子爲下古。"

"人更三聖，世歷三古"的説法，最爲漢代學者所接受。《周易乾鑿度》講到《周易》的作者時，也説："垂皇策者義，益卦德者文，成命者孔也。"這種説法，可視爲漢儒之通誼。

二、不同的看法及北宋以後的疑古之説

然而，關於《周易》的作者，也並非没有不同看法。自漢至唐，對伏羲作八卦、孔子撰《十翼》之説，人們多信而不疑。而對重卦者及卦爻辭的作者，却有異議。其中重卦者，除以爲文王外，尚有三説：一是，王弼認爲伏羲畫八卦後自重爲六十四卦；二是，鄭玄認爲神農重卦；三是，孫盛認爲夏禹重卦。至於卦爻辭的作者，除以爲周文王外，尚有一説：認爲卦辭爲文王所作，爻辭爲周公所作。

關於孔子作《易傳》的説法，至北宋歐陽修撰《易童子問》，才第一次提出疑問。歐陽修以敢於疑古的精神，考辨了《易傳》七種的内容，指出《文言》、《繫辭傳》、《説卦傳》有相互牴牾之處，而《繫辭傳》前後文又有自相矛盾之處。故認爲《繫辭傳》、《文言》、《説卦傳》、《序卦傳》、《雜卦傳》不是出自一人之手，未可視爲孔子所作。歐陽修所疑，只是《易傳》中的五種；而《彖傳》、《象傳》兩種，則仍以爲撰於孔子。

　　自歐陽修以後，疑古學風漸啓。以致清人姚際恒《易傳通論》、康有爲《新學僞經考》等，均認爲《易傳》非孔子所作。康有爲的議論，不但推翻了孔子作《易傳》的舊説，並斷言《説卦傳》、《序卦傳》、《雜卦傳》三篇爲漢人僞作。康氏的説法，帶有不少主觀臆測成分，但對後來學術界疑古風氣的盛行則産生了頗爲重要的影響。

　　二十世紀二三十年代間，學術界關於《周易》的作者和創作時代問題的討論出現了一次熱潮，主要傾向是否定漢代學者的説法。其基本觀點約可歸納如下：

　　1.《周易》"經"部分的作者，顧頡剛、余永梁等人認爲非伏羲、文王所作，而是周初作品。李鏡池等人認爲《周易》編定於西周晚期，與《詩經》時代略同，作者亦非一人。郭沫若認爲《周易》之作決不能在春秋中葉以前，當在春秋以後，作者是孔子的再傳弟子馯臂子弓。

　　2.《易傳》的作者，不少人都沿承歐陽修以來"非孔子所作"的觀點，郭沫若則進一步推測《易傳》中的大部分是荀子的門徒們、楚國人所著，著書時代當在秦始皇三十四年（前213年）以後。錢玄同認爲西漢初田何傳《易》時，只有上下經和《彖傳》、《象傳》、《繫辭傳》、《文言傳》諸篇，西漢中葉後加入漢人僞作的《説卦傳》、《序卦傳》、《雜卦傳》三篇。李鏡池又對各篇作具體推測，以爲《彖傳》、《象傳》作於秦漢間，《繫辭傳》、《文言傳》作於漢昭帝、宣帝間，《説卦傳》、《序卦傳》、《雜卦傳》作於昭、宣後。（以上所述觀點，分別見於：顧頡剛《周易卦爻辭中的故事》，李鏡池《周易筮辭考》、《周易筮辭續考》、《易傳探源》，郭沫若《周易之製作時代》，錢玄同《讀漢石經周易殘字而論及今文易的篇數問題》等文。）

此後五十年來，人們又繼續對《周易》經傳的作者進行了不同角度的探討，所得結論亦不一致，而較有影響的看法是：卦爻辭作於周初，《易傳》作於春秋戰國期間，經傳作者均非一人，當是經過多人多時加工編纂而成的。

三、"數字卦"的討論

值得注意的一個問題是，近年來，考古學界對商周時代甲骨文、陶文、金文中的一些原先未解的"奇字"進行了探研，指出這些"奇字"即是當時用數字形式刻寫下來的八卦、六十四卦符號，因而認爲《易》筮與重卦時代至少應上推至商代，而周文王重八卦爲六十四卦的説法也應予以糾正（見張政烺《試釋周初青銅器銘文中的易卦》，載《考古》1980年第4期；張亞初、劉雨《從商周八卦數字符號談筮法的幾個問題》，載《考古》1981年第2期）。

當然，"數字卦"屬於在探討中的問題，能否成爲確論，有待學術界的進一步研究。但據《周禮》説："太卜掌《三易》之法，一曰《連山》，二曰《歸藏》，三曰《周易》。其經卦皆八，其別皆六十有四。"這裏講的"經卦"，就是三畫的八卦符號；“别卦”，就是八卦重叠成的六畫的六十四卦符號。鄭玄《周禮注》引杜子春云：“《連山》，宓（音伏 fú）義（即伏羲）；《歸藏》，黄帝。”《周易正義序》引鄭玄《易贊》及《易論》云：“夏曰《連山》，殷曰《歸藏》，周曰《周易》。”《玉海》引《山海經》云：“伏羲氏得河圖，夏后因之，曰《連山》；黄帝氏得河圖，商人因之，曰《歸藏》；列山氏得河圖，周人因之，曰《周易》。”這些文獻記載，説明周代以前即有與《周易》相類似的筮書《連山》、《歸藏》，兩書的卦形符號均爲八卦重成的六十四卦。清人顧炎武依據《周禮》的説法及《左傳》所載春秋占筮例，認爲重卦應在周以前，“不始於文王”，而周初的卦爻辭寫定以後，《周易》才被取名爲《易》（見《日知錄》）。這一推論是頗爲可取的，並與“數字卦”討論中提及的“重卦時代至少應上推至商代”的觀點有相合之處。

四、對《周易》作者及創作時代的擬議

本章開頭説過，《周易》的作者與創作時代是個十分複雜的問題，因此前面從三個不同的角度介紹了有關資料和前人的各種看法，以期讀者細爲評判、體會。

現在，根據上引諸多材料，我們必須通過冷静、科學的辨析，對這一問題作出正確的擬議。

筆者認爲：八卦的出現和六十四卦的創成，當在西周以前

　　商朝末年，紂王執政，西部岐周地域的西伯姬昌（即後來追號的"周文王"）被紂王囚禁在羑里。姬昌在憂患之中，全面推演了六十四卦符號，從中悟出許多精深的哲理，並爲每卦撰寫了卦爻辭，於是便出現了六十四卦卦形與卦爻辭文字相配合的《周易》古經。這就是"文王拘而演《周易》"的故事。

的遠古的年代；古人稱其作者爲伏羲、神農、夏禹之類的
"聖人"，自然是一種帶有崇古、崇聖心理的傳說，但此中所
涉及的時代範圍是可以參考的。那麼，既然遠在西周以前就産
生了以六十四卦符號爲基礎的筮書，與之相應的筮辭也很可能
同時出現了（至少在口頭上流傳）。《三國志·魏志·高貴鄉
公傳》記載當時的《易》博士淳於俊説過一段話："包羲（即
伏羲）因燧皇之圖而制八卦，神農演之爲六十四，黄帝、堯、
舜通其變，三代隨時質文，各繇其事。"這裏所説"各繇其
事"，即是推述夏、商的《連山》、《歸藏》也各有用以占筮的
繇辭。沿此進展，到西周初年産生了一部新編的卦形、卦爻辭
并然有序的《周易》，則是於理頗合的。《繫辭下傳》説：
"《易》之興也，其當殷之末世，周之盛德邪？"又説："《易》
之興也，其於中古乎？作《易》者，其有憂患乎？"所謂"殷
之末世，周之盛德"、"中古"，皆指商末周初，這正是對《周
易》卦爻辭創作時代較爲審慎而且可取的推測。因此，我們
可對《周易》卦形和卦爻辭的創作歷程作出如下擬議——西
周以前的漫長歲月中，古人就已經運用以八卦重成的、類同
《周易》六十四卦的符號進行占筮活動，並附有簡單的筮辭；
到了殷末周初，當時的學者（或筮人）對舊筮書進行一番革
故鼎新的改編工作，改編的大致項目可能是：1. 使卦形符號規
範化；2. 確定六十四卦卦序；3. 充實卦爻辭文句；4. 又經過
多時多人的潤色、增删，最後編定成卦形體系完整、卦爻辭文
句富有形象性的《周易》，其時當爲商朝滅亡、周朝鼎盛之

際，約公元前 11 世紀。此後，隨著《易》書傳播日益廣泛，及治《易》的學者不斷增多，尤其是孔子設教授徒特重於《易》，遂陸續出現了從各種角度闡釋《周易》大義的作品，並被學者編爲專書傳習，這就是漢儒稱爲《十翼》的《易傳》。從《易傳》中保留的不少"子曰"云云的言論，以及大部分内容所反映的濃厚的儒家思想，似可説明其作者當與孔子關係至大，若非孔子親撰，亦當屬孔門弟子依師説而記錄整理成篇（適如《論語》二十篇之撰），而創作時代當在春秋、戰國之間。

總之，應該認爲《周易》經傳的創作經歷了遠古時代至春秋戰國之間的漫長過程，是"人更多手，時歷多世"的集體撰成的作品。

第四章 讀《周易》必須注意哪些基本條例

　　如果你只是閱讀一般的古籍，像《左傳》、《詩經》之類，大概除了瞭解該書的作者、創作背景之外，最主要的工夫應花在訓釋字詞、疏通文義上。

　　但讀《周易》卻不同，它不但有"文字"障礙，還有令人頭痛的"卦象"障礙。因爲《周易》卦爻辭文字是與卦象符號相配合以說明卦爻寓意的，所以不明白卦象就無從讀懂卦辭、爻辭。而六十四卦的卦象，又緊密依聯於各卦、各爻間錯綜複雜的變化關係，此中包含着種種有規律性的條例或法則。因此，掌握基本的易學條例，是閱讀《周易》的一個必要前提。

　　下面，選擇十則重要的《易》例作一些簡單分析。

一、陰　陽

　　前文說過，在《周易》的卦形符號體系中，"陽"用"—"表示，"陰"用"--"表示。八卦、六十四卦就是以這兩種一連一斷的符號重叠組合而成的。《周易》六十四卦共有三百八十四爻，其中陽爻一百九十二，陰爻一百九十二，分別喻示自然界或人類社會中的一切"剛"、"柔"物象，體現事物運動變化的發展情狀。

《繫辭上傳》以"一陰一陽之謂道"精煉地概括《易》理本質，《莊子・天下篇》也稱"《易》以道陰陽"，均是可取的論斷。可以説，《周易》的"陰陽"大義，是通過特殊的象徵，説明事物在對立統一中發展的哲學原理。朱熹説："天地之間，無往而非陰陽；一動一靜，一語一默，皆是陰陽之理。"（《朱子語類》）這句話，正可作爲《周易》"陰陽"喻象貫穿六十四卦的注脚。

二、卦　時

《周易》六十四卦，每卦各自象徵某一事物、現象在特定背景中産生、變化、發展的規律。伴隨著卦義而存在的這種"特定背景"，《易》例稱"卦時"。

六十四卦表示六十四"時"，也就是塑造出六十四種特定背景，從不同角度喻示自然界、人類社會中某些具有典型意義的事理。如《泰》卦象徵"通泰"之時的事理，《訟》卦象徵"爭訟"之時的事理，《未濟》卦象徵"事未成"之時的事理，餘可類推。每卦六爻的變化情狀，均規限在特定的"時"中反映事物發展到某一階段的規律。因此，閱讀六十四卦，不能不把握"卦時"這一概念。

三、二 體

六十四卦既由八卦相重而成，故每卦中均包含着兩個八卦符號，凡居下者稱"下卦"（又稱"內卦"，《左傳》稱"貞"卦），凡居上者稱"上卦"（又稱"外卦"，《左傳》稱"悔"卦）。上下卦合稱"二體"，或"上下體"。

上下二體可以象徵事物發展的兩個階段，下卦爲"小成"階段，上卦爲"大成"階段；又可象徵事物所處地位的高低，或所居地域的內外、遠近等。

四、爻 位

六十四卦每卦各有六爻，分處六級高低不同的等次，象徵事物發展過程中所處的或上或下、或貴或賤的地位、條件、身份等。六爻分處的六個等級，稱"爻位"。

六級爻位的排列，由下至上依次遞進，名曰：初、二、三、四、五、上。這是表明事物的生長變化規律，往往體現著從低級向高級的漸次進展。各卦爻位的基本特點，大略可以概括爲："初"位象徵事物發端萌芽，義主潛藏勿用；"二"位象徵事物嶄露頭角，義主適當進取；"三"位象徵事物功業小成，義主慎行防凶；"四"位象徵事物新進高層，義主警懼審時；"五"位象徵事物圓滿成功，義主處盛戒盈；"上"位象徵事物發展終盡，義主窮極必反。當然，這只是括其大要，在各卦各爻的具體環境中，由於種種因素的作用，諸爻又有交複錯雜的變化。舊説或有擬取人的社會地位譬喻爻位的，如認爲"初"代表"士民"，"二"代表"卿大夫"，"三"代表"侯"，"四"代表"公"，"五"代表"天子"，"上"代表"太上皇"。這種譬喻，也反映出爻位的等級特點，可以備爲參考。

五、三 才

我們已經知道，八卦符號各由三畫綫條組成。古人認爲，八卦三畫綫的下畫象徵"地"，中畫象徵"人"，上畫象徵"天"；合"天"、"地"、"人"而言，謂之"三才"。由八卦重成的六十四卦，各具六爻，若把六爻位序兩兩並列，也體現著三級層次，所以古人又認爲初、二兩爻象徵"地"，三、四兩爻象徵"人"，五、上兩爻象徵"天"，三者亦合稱"三才"。《繫辭下傳》説："六者非他也，三才之道也"；《説卦傳》説："兼三才而兩之，故《易》六畫而成卦"，正是揭明"六爻"配"三才"的條例。這一條例，是從另一種角度觀察爻位，也可以表明六爻的高低等級區別。

六、當位、不當位

六爻位次，有奇位、偶位之分：初、三、五爲奇位，亦稱

“陽”位；二、四、上爲偶位，亦稱“陰位”。六十四卦三百
八十四爻，凡陽爻居陽位，陰爻居陰位，均稱“當位”（亦稱
“得正”、“得位”）；凡陽爻居陰位，陰爻居陽位，均稱“不
當位”（亦稱“失正”、“失位”）。

“當位”之爻，象徵事物的發展遵循“正道”、符合規
律；“不當位”之爻，象徵背逆“正道”、違反規律。但當
位、不當位亦非諸爻吉凶利弊的絕對標準，在各卦各爻所處
的複雜條件、因素的影響下，得正之爻有轉向不正的可能，
不正之爻也有轉化成正的可能。所以，爻辭中常常有警醒
“當位”者守正防凶之例，以及誡勉“不當位”者趨正求吉
之例。

七、中

六爻所居位次，第二爻在下卦三爻的中位，第五爻在上卦
三爻的中位，這兩者象徵事物守持中道、行爲不偏，《易》例
稱“中”。

凡是陽爻居中位，象徵“剛中”之德；陰爻居中位，象
徵“柔中”之德。如果陰爻處二位（陰位），陽爻處五位（陽
位），則是既“中”且“正”，稱爲“中正”，這在《易》爻
中最具美善的象徵。《周易》強調“中”的思想，與先秦儒家
所極力崇尚的“中庸”之道，正相吻合。

八、承、乘、比、應

在《易》卦六爻的相互關係中，由於諸爻的位次、性質、遠近距離等因素，常常反映出承、乘、比、應的複雜現象。

凡下爻緊靠上爻叫做"承"，就是以下承上的意思。《易》例側重揭示陰爻上承陽爻的意義，即象徵卑微、柔弱者順承尊高、剛强者，求獲援助。此時爻義必須視具體情狀而定，大略以陰陽"當位"之爻相承爲吉，"不當位"的相承多凶。

凡上爻高凌下爻叫做"乘"，就是以上凌下的意思。《易》例以陰爻乘陽爻爲"乘剛"，象徵弱者乘凌强者、"小人"乘凌"君子"，爻義多不吉善。但陽爻居陰爻之上則不言"乘"，認爲是理之所常。由此可以看出《周易》"扶陽抑陰"的思想。

凡六爻之間逐爻相連並列者叫做"比"，就是兩相比鄰的意思。如初與二比，二與三比，三與四比，四與五比，五與上比即是。兩爻互比之際，也體現著"承"、"乘"現象。例如，初六與九二相比，則初以陰承陽；九二與六三相比，則三以柔乘剛。爻位互比的關係，象徵事物處在相鄰環境時的作用與反作用，往往在其他因素的交互配合下影響爻義的吉凶。

凡六爻之間，處在下卦的三爻與處在上卦的三爻皆兩兩交感對應，叫做"應"爻。具體説，就是初爻與四爻交應，二爻與五爻交應，三爻與上爻交應。對應之爻一陰一陽的，可以兩相交感，稱爲"有應"；如果兩者俱爲陰爻，或俱爲陽爻，必不能交感，稱爲"無應"。這種"有應"、"無應"之例，與現代物理學中"同性相排斥，異性相吸引"的法則十分類似。爻位對應的關係，象徵事物矛盾、對立面存在着諧和、統一的運動規律。

要是我們每個人都注意觀察自身在社會生活中的各種處境，細緻分析自己與親朋、父兄、同學、上級、下屬等之間的關係，便可以發現許多類似於承、乘、比、應的情狀，甚至可以結合《周易》旨趣悟出不少道理。就易學而言，《易》卦六爻位次之間的承、乘、比、應，是《周易》爻象變動過程的四方面要素，也就是從四種角度象徵事物在複雜環境中變化發展的或利或弊的外在條件，以及在一定條件制約下的某些規律。

九、互 卦

《易》卦六爻之間，除初爻、上爻外，中四爻又有相連互交的卦包涵其間，稱爲"互卦"。其中二、三、四爻合成一個三畫卦，稱爲"下互"；三、四、五爻又合成一個三畫卦，稱"上互"。這樣，"上互"、"下互"相組合，便構成另一個六畫卦。下面舉《屯》卦（䷂）爲例：

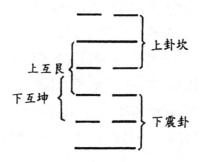

可見，《屯》卦由下震、上坎組成，中間四爻涵有下互坤（☷）、上互艮（☶），上下互便合成《剝》（☶☷）卦。"互卦"條例，是《周易》六十四卦卦形的構成特徵之一。《左傳》、《國語》所載《易》説，常常涉及"互卦"；漢代人解《易》，也多沿承"互卦"之例。

十、卦 主

《周易》六十四卦的每卦六爻中，有爲主之爻，叫做"卦主"。卦主有兩種類型，一是"成卦之主"，即該卦所由以成的主爻。此類卦主不論爻位高下，其德善否，只要全卦意義因之而起，則皆得爲卦主。比如《夬》（☱☰）卦，上六一陰高凌於上，被五陽所決除，全卦含"君子決除小人"之義，而上六即爲"成卦之主"。二是"主卦之主"，即該卦六爻中最完美的主爻。此類卦主必是爻德美善、得位得時者當之，故各卦第五爻多爲主卦之主，他爻亦間或有之。比如《乾》（☰）卦

　　春秋後期，孔子感嘆世道衰微，禮崩樂壞，便潛心著述，修訂六經，教授生徒，成爲中國古代偉大的教育家、思想家。他晚年尤喜研究《周易》，讀《易》之勤乃至把編繫書簡的"韋綫"（牛皮制的細繩）磨斷了多次。據説他晚年寫了十篇論《易》專著，就是後代連經並行的《易傳》（即《十翼》）。這便使他成爲易學史上繼伏羲、文王之後的第三位聖人。

的第五爻"九五"，陽剛盛美，有"飛龍在天"之象，即爲主卦之主。六十四卦的《象傳》，往往揭示出卦主所在。

上面所列十則易學條例，是最爲基本、最須注意的，初讀《周易》者應結合研討六十四卦而細加體會。至於歷代易家總結出來的《易》例，頗爲繁多，有志於深研《易》義的讀者，還可以廣泛取爲揣摩辨析，去非存是，必將大有益處。

第五章　怎樣理解《周易》的性質

　　人們在讀一本書的同時，總是先要弄明白一個最基本的問題：這究竟是一部什麼類型、什麼性質的書呢？是化學書，還是物理書？是文學書，還是宗教書？

　　這種問題，對其他書來說，或許是不成問題的問題。然而，對於《周易》，却不是一兩句話所能講明白的。

　　關於《周易》的性質，歷史上也有爭論。爭論的焦點是：或以爲《周易》是一部占筮書，或以爲是哲學著作。這一問題牽涉對《周易》經傳大義的認識，因此，這裏也分"經"、"傳"兩部分略作剖析。

一、《周易》"經"部分的性質

　　前面說過，《周易》的"經"部分包括六十四卦卦形和卦爻辭。卦形、卦爻辭創成之後，其最突出的應用是占筮。《周禮》說："太卜掌《三易》之法"，所謂"太卜"，便是專司占卜的官。再從《左傳》、《國語》所記載的春秋時代用《周易》占筮的諸多例子看，也足以印證這一事實。

　　這麼說，"《周易》是一部占筮書"的觀點豈非毋庸置疑了？但問題未必如此簡單。事實上，古代的占筮，往往與軍政大事密切相關，天子、諸侯的政治、軍事措施，有時必須取決於卜官的占筮結果；而且，在占筮過程中，真正影響人們思想，左右人們行動的關鍵因素是筮書所表露的哲學内涵。換言之，要是抽掉了《周易》内在的哲學意義，則其書必不可能成爲古代"太卜"所執掌的上層統治階級奉爲"聖典"的重要書籍。因此，南宋朱熹雖然極力强調"《易》本爲卜筮而作"，却也不曾抹煞其哲學蘊意，認爲"孔子恐義理一向没卜筮中，故明其義"（《朱子語類》）。就是説，孔子怕世人只知道用《周易》占筮，不曉内中哲理，才寫了《易傳》十篇來揭明《易》義。清人皮錫瑞撰《經學通論》，也不同意把《周易》看成簡單的"筮書"。認爲八卦、六十四卦符號及卦爻辭均寓含"義理"，而《易傳》作者只是把這些"義理"作了更加鮮明、更加切近"人事"的闡發。這種認識是較爲客觀的。其實，倘若《周易》的卦形、卦爻辭没有内在的哲學性質，無論哪一位"聖人"都無法憑空闡發出其中的"義理"來。所以，我們必須認識到，儘管《周易》的最初出現是以卜筮爲用，但其内容實質却含藏着深邃的哲學意義。

不過，僅據上文的概要叙述，還不足以辨明《周易》"經"部分的性質。要弄清這一問題，尚須認真分析《周易》六十四卦的大義。通過分析，我們不難發現，自從代表陰陽觀念的爻畫産生之日開始，《周易》哲學就奠下了符號象徵的基礎，或者説出現了最初的萌芽因素；而當八卦重成的獨具體系的六十四卦及卦爻辭創成、編定之後，《周易》的象徵哲學就完全顯示出奇異的思想光華。這一點，前文叙及《周易》經傳内容時已稍有提到。下面，試舉一些例子從四方面略爲印證。

（一）從整體角度看，六十四卦是六十四種事物、現象所寓義理的組合，各自喻示著特定環境、條件下的處事方法、人生哲理、自然規律等。如《乾》卦象徵"天"，喻示"剛健"氣質的發展規律。《坤》卦象徵"地"，喻示"柔順"氣質的客觀功用。《屯》卦象徵"初生"，喻示事物"草創"之際排除艱難而發展的情狀。《蒙》卦象徵"蒙昧"，喻示事物蒙稚之時"啓蒙發智"的道理。其餘諸卦無不如是，均喻示某種具體的事理；而六十四卦的旨趣，又共同貫穿會通，展示作者對自然、社會、人生在運動變化中發展規律的基本認識，並反映着頗爲豐富的哲學意義。

（二）分別各卦來看，六十四卦任何一卦六爻之間在"義理"上的聯繫，正是某種事物、現象的變動、發展規律的象徵性表露，也是一卦哲學内容的具體反映。舉《師》卦爲例，此卦的卦形作"䷆"，全卦象徵"兵衆"；六爻交互組合，共同闡明用兵的規律：

第一爻"初六"，陰柔處下，爲"用兵"初始之象。爻辭說"師出以律，否臧凶"，"否臧"猶言"不善"，意思是："兵衆出發要用法律號令來約束，軍紀不良必有凶險。"這是極言嚴明軍紀的必要性。

第二爻"九二"，陽剛處中，上應第五爻"六五"，爲率兵主帥之象。爻辭説"在師中吉，无咎，王三錫命"，意思是："統率兵衆，持中不偏可獲吉祥，必无咎害，君王多次獎賞而委以重任。"這是揭明主帥成功的條件。

第三爻"六三"，處下卦之上，陰柔失正，爲力微任重、貪功冒進之象。爻辭説"師或輿尸，凶"，意思是："兵衆時或載運尸體歸來，有凶險。"這是陳述出師失利敗績的教訓。

第四爻"六四"，處上卦之下，柔順得正，爲謹慎用兵之象。爻辭説"師左次，无咎"，"左次"猶言"撤退"，意思是："兵衆撤退暫守，不致咎害。"這是説明用兵有時必須退守的情狀。

第五爻"六五"，柔中居尊，爲有德"君主"慎於用兵之象。爻辭先説"田有禽，利執言，无咎"，意思是："田中有禽獸，利於捕取，無所咎害"；又説："長子帥師，弟子輿尸，貞凶"，意思是："委任剛正長者可以統率兵衆，委任無德小子必將載尸敗歸，要守持正固以防凶險。"這是模擬"君主"的身份、地位，申言用兵必須適時及謹慎擇將的道理。

第六爻"上六"，柔居卦終，爲班師歸來之象。爻辭説："大君有命，開國承家，小人勿用"，"開國承家"猶言"封侯，封大夫"，意思是："天子頒發命令，封賞功臣爲諸侯大夫，小人不可重用。"這是體現出師凱旋、論功行賞的法則。

上列六則爻辭，皆是用簡要的語言、譬喻的手法展示六爻大義，從"兵衆"初出到收兵歸來，分別體現了用兵的各方面要旨或規律；其中貫穿一體、相互聯繫的本質意義，則是强調 "師" 以 "正" 爲本。這就是卦辭所概括的 "師貞，丈人吉，无咎"，"貞" 猶言 "正"，意思是："師卦象徵兵衆：應當守持正固，賢明長者統兵可獲吉祥，必无咎害。" 若進一步分析六爻的哲學內涵，我們可以從爻辭中所反映的勝敗、進退、利弊、得失的種種喻象，領會出作《易》者所流露的早期軍事思想的辯證因素。可見，卦辭提綱挈領的概括，與六爻爻辭互爲聯繫的分述，揭示出一卦卦象、六爻爻象的象徵本旨：卦爻的義理因之而顯，全卦的哲學内容也由此得以體現。縱觀《周易》六十四卦，均同此例。

（三）若將有關卦義兩兩相互比較，又可以發現六十四卦的哲理十分突出地反映著事物對立面矛盾轉化的變動規律。如《乾》、《坤》兩卦，象徵 "剛健" 與 "柔順" 的對立轉化；《泰》、《否》兩卦，象徵 "通泰" 與 "否閉" 的對立轉化；《損》、《益》兩卦，象徵 "減損" 與 "增益" 的對立轉化，等等。不僅卦與卦之間如此，在一卦的具體爻象中，也往往喻示著某種事物轉化的哲理，各卦的上爻多譬喻物極必反的意旨，即是最顯著的例證。

（四）用綜合分析的方法考察，《周易》六十四卦的内容又涉及作者對所處時代的思想意識形態各領域的多方面認識。其中有反映作者政治思想的，如《同人》卦流露的對 "天下和同" 理想的追求，《革》卦含藏的 "革除弊政" 的願望等。有反映作者倫理思想的，如《家人》、《歸妹》卦表示的對家庭結構、男婚女嫁的問題的看法等。有反映作者經濟思想的，如《節》卦喻示的"節制"觀念，《賁》（音必 bì）卦闡明的"質樸"主張等。有反映作者法制思想的，如《訟》、《夬》卦關於"爭訟"和"決除邪惡"問題的闡述，等等。總之，無論哪一方面思想的反映，都建立在變化哲學的基礎上。具體說，六十四卦紛繁複雜的内容，儘管涉及面十分廣泛，却集中體現著統一的哲學原理：陰陽變化的規律。程頤有幾句話説得好："六十四卦、三百八十四爻，皆所以順性命之理，盡變化之道也。散之在理，則有萬殊；統之在道，則無二致。"（《二程集·易序》）這裏所説的"變化之道"，事實上就是《周易》哲學思想的核心。

應當指出，六十四卦的哲理，是通過"象徵"形式表現出來的。《繫辭下傳》説："《易》者，象也"；《左傳》昭公二年載："晉侯使韓宣子來聘，見《易象》與《魯春秋》。"這是現存文獻中最早視《周易》爲"象"的例證。六十四卦的卦形、爻形，以及相應的卦辭、爻辭，均是特定形式的"象徵"。前者依賴卦爻符號的暗示，後者藉助卦爻辭文字的描述——兩者相互依存，融會貫通，共同喻示諸卦諸爻的象徵義理。王弼説："觸類可爲其象，合義可爲其征。"（《周易略例·明象》）項安世説："凡卦辭皆曰象，凡卦畫皆曰象；未畫則其象隱，已畫則其象著。"（《周易玩辭》）"畫"，就是卦形、爻形。這兩説分別指出《易》象觸類旁通，以及文辭與卦形相輔而明"《易》象"的特點。那麼，我們在研讀《周易》六十四卦的過程中，必須細緻把握這種象徵規律，才能透過卦形、卦爻辭的外在喻象，領悟其內在的哲學涵義。

根據上文對六十四卦哲學意義的簡要分析，我們應當看到，《周易》的占筮，僅僅是古人對六十四卦義理的一方面運用。《周易》的象徵，是其書哲學內容的基本表示形式。而貫穿全書的反映事物對立、運動、變化規律的思想，則是六十四卦哲理的內在精華。因此，《周易》的"經"部分，雖以占筮爲表，實以哲學爲裏，應視爲一部獨具體系的哲學著作。

二、《易傳》的性質

《易傳》七種的性質，人們比較一致認爲是一組頗有深度的哲學著作。對《易傳》思想的歸納，近人作過一些嘗試。如張立文將其歸爲六點，曰：政治思想、唯物主義的自然觀、樸素辯證法思想、唯物主義認識論、道德倫理思想、社會進化的歷史觀等（《周易思想研究》，湖北人民出版社 1980 年出版）。張岱年將其歸爲三點，曰：本體論學說、辯證法思想、人生理解與政治觀點等（《論易大傳的著作年代與哲學思想》，載《中國哲學》第一輯，三聯書店 1981 年出版）。其他論著尚多，這裏不煩贅引。諸說歸納分析的方法、角度雖不盡同，但均肯定《易傳》豐富的思想價值。

然而，讀者尚須明確一點，《易傳》哲學思想的一個重要特色，是建立在對《周易》經義的闡釋、發揮的基礎上。因此，

　　公元前二百多年，秦始皇兼併六國，統一天下。當時，他把秦國以外的書籍，尤其是儒家經典全數焚燒，只留下種樹、農耕、醫藥、占卜等類的書不燒。那時《周易》被列爲"占卜"類書籍，所以没有遭受秦火之厄，被完整地保留下來。

其中有相當一部分思想内容，如關於陰陽矛盾、事物運動變化的辯證觀念，關於以乾坤爲本的宇宙生成説，乃至關於政治、倫理、道德各方面的觀點，常常是六十四卦大義的直接引申，與“經”的本旨是無法割裂的。誠然，也有不少内容是《易傳》作者的獨特見解，但仍然是在闡“經”過程中得出的。朱熹論《繫辭傳》説：“或言造化以及《易》，或言《易》以及造化，不出此理。”（《朱子語類》）即是認爲《繫辭傳》作者在解《易》的同時，泛及自然界的發展規律，以體現其哲學觀點。這一看法用來説明整個《易傳》，似也大略適合。可以説，没有“經”的哲學基礎，就没有“傳”的思想體系；有了“傳”的推闡發揮，“經”的哲學就更加顯明昭著。所以，《易傳》七種的性質，應當視爲一組以闡解《周易》經義爲宗旨的富有鮮明思想觀點的哲學著作。

當然，六十四卦義理和《易傳》思想，是不同時代的産物，其内容與價值必須結合特定的歷史背景進行具體深入的考察，才能得出全面、科學的結論。但通過上文的簡單分析，我們可以對《周易》全書的性質作出如下認識：包括經傳在内的《周易》一書，由於其早期部分内容誕生之古遠，及其核心思想意義之深邃，不能不視爲我國古代最早的一部特殊的哲學專著。

第六章　八卦有哪些象徵意義

　　讀《周易》的人，往往最先對八卦産生興趣。"八卦"這一概念，從古至今幾乎是家喻户曉，婦孺皆知。在舊時代，孔子的廟堂上有八卦，街頭算命先生的招牌上有八卦，甚至尋常人家墙上掛的神符裏也有八卦。因此，八卦便伴隨著濃厚的神秘色彩在中國流傳了數千年而未衰；這也説明《周易》在中國文化史上的影響所及，上至高層意識形態領域，下至低層百姓的心理建構，可謂囊括周致，無所不達。

　　雖然人們對八卦熟聞習見，但多數只是知其名、認其形，而不知其實、不明其義。有的人僅僅是把它當作神符一樣的崇拜物供奉着，這就更不足道了。對讀《易》、研《易》的人來説，則務必要用科學的精神，認真考察八卦的各方面象徵寓意，弄清它們在六十四卦中的作用，才能真正把《周易》讀懂、研究透徹。

　　前面在講述《周易》的内容時，筆者已經把八卦的形體、卦名、基本象徵物、特定的象徵意義等問題作了扼要介紹。這裏，將結合這些問題及八卦所具備的更廣泛的象徵外延進行具體評析。

一、八卦象徵的取象依據

我們已經知道，八卦的基本象徵物是擬取天、地、雷、風、水、火、山、澤這八種物象。爲什麼要這樣擬取呢？也就是爲何用三條陽畫代表天，三條陰畫代表地，以及用其他六種形式代表雷、風、水、火、山、澤呢？下面我們不妨試爲探討這八種基本象徵物取象的客觀依據。

（一）乾（☰），疊三陽，象徵陽氣上升爲“天”。古人認爲，“天”是輕清明澈的陽氣升浮而形成的，故以三陽相疊爲“天”之象。《淮南子·天文訓》說：“宇宙生氣，氣有涯垠，清陽者薄靡而爲天。”由此可以看出古代人對“天”這一自然物象的認識。

（二）坤（☷），疊三陰，象徵陰氣下凝爲“地”。古人認爲，“地”是重濁渾凝的陰氣沉聚而成的，故以三陰相疊爲“地”之象。《黃帝素問》說：“積陰爲地，故地者濁陰也。”由此可以看出古代人對“地”這一自然物象的認識。

（三）震（☳），上兩陰下降，下一陽上升，象徵陰陽衝突，爆發爲“雷”。《淮南子·地形訓》說：“陰陽相薄爲雷”，可見古人認爲“雷”是陰陽二氣交相衝突而產生的，故以此形爲“雷”之象。

（四）巽（☴），二陽升騰於一陰之上，象徵“風”行地上。卦下一陰象“土”，上二陽象“風氣”，故《莊子》說

"大塊噫氣，其名爲風"，可見古人對"風"之産生的認識，故以此形爲"風"之象。

（五）坎（☵），上下爲陰，中蓄一陽，象徵"水"以陰爲表，内中却蘊藏着陽質。《説文解字》釋"水"字説："象衆水並流，中有微陽之氣。"《周易集解》引宋衷云："坎，陽在中，内光明，有似於水。"由此可見古人對"水"這一自然物質的認識，故以此形爲"水"之象。現代科學證明，水分子含有一個氧原子和兩個氫原子（H_2O），氫、氧均是可燃之物。這與坎中包含陽氣之象頗爲妙合。

（六）離（☲），上下爲陽，中蓄一陰，象徵"火"以陽爲表，内中却蘊藏着陰質。《淮南子·説林訓》説"火中有水"，《周易集解》引崔憬云"取卦陽在外，象火之外照也"。由此可見古人對"火"這一物象的認識。今天我們觀察火的燃燒無不伴隨著其中水氣的散發亦可證明，故古人以此形爲"火"之象。

（七）艮（☶），上爲陽，二陰蓄其下，象徵"山"上表層凝有堅石，下含豐厚的濕土。《春秋説題辭》説："陰含陽，故石凝爲山"，又説："山之爲言宣也，含澤布氣調五神也。"這是古人對"山"這一物象的認識。今天我們看到山，尚可感覺到它的上層雖高拔剛健，下層却藏有大量陰氣以滋潤草木，故古人以此形爲"山"之象。

（八）兑（☱），上爲陰，二陽蓄其下，象徵"澤"外表爲陰濕之所，下層却含有大量陽氣。《周易集解》引宋衷云：

"陰在上，令下濕，故爲澤。"凡澤面陰濕，澤下必蘊蓄許多熱氣。今天有通過泥沼發酵産生"沼氣"的科學實踐，也可以印證此理。故古人以此形爲"澤"之象。

上面將八卦所擬取的八種基本象徵物的取象客觀依據作了嘗試性的分析，可藉以瞭解古人創作八卦的思維狀態。但遠古時代，人們對事物的觀察多是從直覺出發，有些認識就現在看來似乎科學性是不够的，如"陽氣上聚爲天"、"陰氣下凝爲地"的天體觀，但其中所潛藏的科學內涵却是不可低估的。因此，古人的某些認識雖看起來摻雜着牽强或臆測的成分，却仍有不少是合理的思維，甚至是值得今天的人去認真深入領會或理解的精深思想。至少，從這裏我們應當看到，古人以八卦模擬八種基本物象，是經過深刻的思考，並具有充分的客觀依據。

二、八卦特定的象徵意義

我們還知道，八卦除了擬取八種基本物爲象徵之外，又各有特定的象徵意義。下面也略作簡單分析。

（一）乾，象徵意義爲"健"。因爲古人覺得"天"是運行不止的，四季寒暑周轉不息，故稱它有"剛健"之義。

（二）坤，象徵意義爲"順"。因爲古人覺得"地"是寬厚載物的，承受萬物巨細不遺，故稱它有"柔順"之義。

（三）震，象徵意義爲"動"。因爲"雷"聲奮起振動萬物，故稱它有"震動"之義。

（四）巽，象徵意義爲"入"。因爲"風"行天下無隙不入，故稱它有"順入"之義。

（五）坎，象徵意義爲"陷"。因爲"水"流所至地陷生險，故稱它有"險陷"之義。

（六）離，象徵意義爲"麗"，"麗"猶言"附著"。因爲"火"的燃燒必依附於燃料，故稱它有"附著"之義。

（七）艮，象徵意義爲"止"。因爲"山"峯屹立靜止不動，故稱它有"靜止"之義。

（八）兌，象徵意義爲"說"，"說"在古文字中與"悦"字同。因爲"澤"潤所及萬物欣悦，故稱其有"欣悦"之義。

三、八卦的象徵外延

八卦有八種基本象徵物和特定的象徵意義，已如上述。在《周易》卦象的具體應用中，八種象徵意義是大體不變的，而八種象徵物却可以在不離其義的原則上有所變更、依類博取。比如乾取天爲象徵物，也可以取"馬"、"君"、"父"爲象徵物，其意義都是"剛健"。坤取地爲象徵物，也可以取"牛"、"臣"、"母"爲象徵物，其意義都是"柔順"，等等。這一點，《易傳》中的《説卦傳》記述頗詳，下面選擇主要者作一簡介。

（一）八卦取"父母子女"爲象徵。

在這組象徵體系中，乾象徵"父"，坤象徵"母"，震象徵"長男"，巽象徵"長女"，坎象徵"中男"，離象徵"中女"，艮象徵"少男"，兌象徵"少女"。這八種象徵，前人又合稱爲"乾坤六子"。

（二）八卦取"人體"爲象徵。

在這組象徵體系中，乾象徵"首"（頭），坤象徵"腹"，震象徵"足"，巽象徵"股"（大腿），坎象徵"耳"，離象徵"目"（眼），艮象徵"手"，兌象徵"口"。

（三）八卦取"動物"爲象徵。

在這組象徵體系中，乾象徵"馬"，坤象徵"牛"，震象徵"龍"，巽象徵"鷄"，坎象徵"豕"，離象徵"雉"，艮象徵"狗"，兌象徵"羊"。

《繫辭上傳》指出：古人創作八卦的時候，曾經廣取衆多的物象作象徵，不但取"天文"、"地理"之象，甚至"近取諸身，遠取諸物"。我們看看上面所舉的八卦象徵物例，確實是既包含人類自己的"身體"，又包括各種各樣的動物。

除此之外，八卦所取的象徵物例尚多。如乾又可以象徵"金"、"玉"、"大赤"（朱紅色）；坤又可以象徵"釜"（鍋）、"均"（平均）、"輿"（大車）；震又可以象徵"旉"（花朵）、"大涂"（大路）、"萑（音還 huán）葦"（蘆荻）；巽又可以象徵"木"、"白"（白色）、"臭"（氣味）；坎又可以象徵"溝瀆"、"隱伏"、"矯輮"（彎曲）；離又可以象徵"日"（太陽）、"甲冑"、"蚌"；艮又可以象徵"門闕"、"指"（手指）、"鼠"；兌又可以象徵"巫"（巫師）、"口舌"、"毀折"（毀謗），等等。

如果讀者細心品味上舉八卦的諸多象徵物，不難發現，它們與八卦的八種特定的象徵意義多能符合。當然，《説卦傳》中記載的卦象，也有一些甚難索解其義，這或許是時代久遠，舊説失傳的緣故，不妨留待學術界作進一步探討。

四、八卦的方位象徵

八卦還用以代表八種方位，這也是其象徵外延的一部分。但因宋代人對此作有特殊的解説，頗有影響，所以這裏特立專節叙述。

（一）"乾南坤北"方位

這種方位，以乾代表南方，坤代表北方，離代表東方，坎代表西方，兑代表東南方，震代表東北方，巽代表西南方，艮代表西北方。在這種方位中，我們還應當特別注意到一個問題，即在八卦每一卦中都配上一個數字，這是從一至八的數字，這八個數字，前人也稱爲先天八卦之數——乾一，兑二，離三，震四，巽五，坎六，艮七，坤八。其卦配數之所由，若從邵雍"三横圖"上來看，是很明顯的，它完全展示了"太極生兩儀，兩儀生四象，四象生八卦"的自然程序，也就是"一生二，二生四，四生八"的過程。朱熹將之稱爲"一分爲二"之序。這八個卦數的作用，最主要之處體現於兩點：一是

　　西漢初期的學者丁寬，曾向陝西的經師田何學習《周易》。學成之日，老師告訴他：你可以回河南了。於是丁寬東歸，田何向其他學生們說：「《易》以東矣！」意思是讚嘆丁寬帶著他的《周易》學問東去而產生良好的學術影響。後來丁寬又培養了很多著名的學生，被尊稱爲「《易》祖師」。

足以十分直觀地顯示從乾到坤（從一到八）的排列順序之所以然，二是足以理解後世托名邵雍所作《梅花易數》中的"先天數"之奧妙。因此，這兩層作用是我們研讀"乾南坤北"方位的不可忽視的要點。這一方位可以圖示如下：

宋代易學家根據《説卦傳》"天地定位，山澤通氣，雷風相薄，水火不相射"幾句話制定此圖，並認爲這是伏羲作八卦時就已經如此排列，因此把它稱作"伏羲八卦方位"，又稱"先天八卦方位"。

（二）"離南坎北"方位

這種方位，以離代表南方，坎代表北方，震代表東方，兌代表西方，巽代表東南方，艮代表東北方，坤代表西南方，乾代表西北方。這一方位可以圖示如下：

　　《説卦傳》在"帝出乎震"一節記載上述方位，宋代易學家據以制定此圖，並認爲文王時代曾將八卦作如此排列，因此把它稱作"文王八卦方位"，又稱"後天八卦方位"。"後天八卦方位"相對於"先天八卦方位"來説，其卦位的外在表現形式不如"先天方位"豐富，亦即在一般情況下"後天方位"不顯示"卦數"特徵，而這一點恰恰是"先天八卦"十分突出的關鍵之所在。因此，我們在接觸這兩種方位的同時，應當帶著這一觀念進行細心的考究，然後儘可能深刻地去感悟其中的細微差異。

　　這兩種八卦方位，宋人以爲"先天"是"自然"之位，"後天"是"入用"之位，經過他們的揭示傳播，對後代影響甚廣。人們在許多舊器物、建築物上常常可以發現這兩種方位的八卦圖案。

　　經過上面介紹，我們明白，八卦的象徵範圍十分廣泛。這些衆多的象徵物，似乎是在古代人們運用《周易》占筮的過程中逐漸擴充、發展起來的。以至兩漢人講解《周易》卦爻辭，幾乎句句字字都要牽引卦象以爲説，出現不少流弊。但儘管如此，八卦的象徵在易學中的重要作用却是不可忽視的。尤其是八卦的八種基本象徵物及八種特定的象徵意義，在六十四卦的哲理中處處涉及，讀者務須熟練掌握，才能正確地理解六十四卦的擬象規律。

第七章　如何領會六十四卦的擬象原理

明白了八卦的象徵特色之後，讀者緊接著要瞭解的是六十四卦的擬象原理。換一句話說，就是八卦的象徵怎樣被運用到六十四卦中去？怎樣在六畫的卦形符號中產生新的象徵意義？

帶著這個問題，我們將與讀者按《周易》的卦序共同逐一瀏覽六十四卦，以期對各卦的象徵要義有一個初步的、整體性的理解。

一、《乾》卦

上下皆由"乾"（☰）組成，六畫均是陽爻，卦形作"䷀"，所以朱熹稱此卦爲"陽之純而健之至也"（《周易本義》）。卦形擬取兩個"乾"（天）爲象，象徵"天"的運行周轉不息。而在"天"的運行中起主導作用的又是萬物賴以創始的"陽氣"，故全卦揭示具有開創氣質的陽剛元素的發展變化規律，以明創造宇宙萬物的本始力量。

二、《坤》卦

上下皆由"坤"（☷）組成，六畫均是陰爻，卦形作

"☷"，所以朱熹稱此卦爲"陰之純，順之至"（《周易本義》）。卦形擬取兩個"坤"（地）爲象，象徵"地"柔順寬厚。而"地"在配合"天"生成萬物中起關鍵作用的是輔助"陽氣"的"陰氣"，故全卦揭示具有順柔氣質的陰柔元素的發展變化規律，以明創造宇宙萬物的第二種力量。

三、《屯》卦

《屯》卦，"屯"音諄 zhūn。由下震（☳）上坎（☵）組成，卦形作"☵"，象徵"初生"。"屯"字的篆書形態正如草木破土萌生而艱難之狀，許慎《説文解説》定其爲象形字，謂"象草木之初生，屯然而難"，故卦名取爲"初生"之義。上卦"坎"爲水，代表未成雨的"烏雲"，下卦"震"爲雷。上下卦擬象烏雲雷聲交動，將雨未成的情狀，譬喻事物"初生"時頗爲艱難。全卦大旨在闡明事物初創多艱的同時，勉勵人們要掌握"草創"之時的發展規律而進取。

四、《蒙》卦

由下坎（☵）上艮（☶）組成，卦形作"☶"，象徵"蒙稚"。上卦"艮"爲山，下卦"坎"爲水。猶如高山下流出泉水，喻示漸啟蒙稚、日趨聰慧。全卦義旨是揭明"啓蒙發智"的道理，其中既有爲師之道，又有求學之道，反映了作《易》者一定程度的教育思想。卦中的《象傳》還十分明確地提出"蒙以養正，聖功也"的觀點，認爲啓發蒙稚是培養"聖人"之功。今天尚在使用的詞語"童蒙"、"啓蒙"，其典故就出自本卦。

五、《需》卦

由下乾（☰）上坎（☵）組成，卦形作"䷄"，象徵"需待"，就是"等待"的意思。上卦"坎"爲水，代表"雲氣"，下卦"乾"爲天。上下卦擬象雲氣上集於天，待時降雨，喻示"需待"之義。全卦闡明事物在發展過程中當耐心待時的道理。

六、《訟》卦

由下坎（☵）上乾（☰）組成，卦形作"䷅"，象徵"爭訟"。上卦"乾"爲天，下卦"坎"爲水。天西轉，水東流，兩者背道而行，喻示事物不和睦而"爭訟"。全卦展示了置身訟事、審理訟事時必須明瞭的諸方面規律或道理，重在誡人止訟免爭。

七、《師》卦

由下坎（☵）上坤（☷）組成，卦形作"䷆"，象徵

"兵眾"。上卦"坤"爲地，下卦"坎"爲水。水源聚藏地下，喻示"兵眾"蓄於百姓之中。全卦闡發行師、擇將、進退等各方面用兵規律，含有某些可資借鑒的古代軍事思想的因素。

八、《比》卦

由下坤（☷）上坎（☵）組成，卦形作"䷇"，象徵"親密比輔"。"比"字意思是"排比"、"並列"，故卦中取爲"比輔"之義。上卦"坎"爲水，下卦"坤"爲地。地上佈滿水，水、地相親無間，故喻示"親密比輔"的情狀。全卦展示事物上下、彼此之間相親相比的道理，其主要義旨涉及人與人的關係這一具有普遍意義的問題。

九、《小畜》卦

由下乾（☰）上巽（☴）組成，卦形作"䷈"，象徵"小有畜聚"。卦名中的"小"字猶言"微小"、"柔小"，"畜"字猶言"畜聚"、"畜止"，所以"小畜"兩字意思是陰柔者小有畜聚。上卦"巽"爲風，下卦"乾"爲天。和風飄行天上，微畜未發，故喻示"小有畜聚"的情狀。全卦揭示事物發展過程中"小畜大"、"陰畜陽"的道理，反映了特定條件下陰陽力量之間制約與被制約的某方面規律。

十、《履》卦

由下兌（☱）上乾（☰）組成，卦形作"䷉"，象徵"小心行走"。"履"字古義通"禮"，故此卦之旨在於戒人循禮小心行走。卦象上乾爲天，下兌爲澤。上下高低之位正，遂用以表明人亦當辨尊卑之禮而行之。唯其善處其身，行不違禮，才能履危而安。

十一、《泰》卦

由下乾（☰）上坤（☷）組成，卦形作"䷊"，象徵"通泰"。上卦"坤"爲地，下卦"乾"爲天，天居地下，猶如天地、陰陽、上下交通融合，喻示"通泰"景象。全卦揭明只有上下交應、陰陽相融，才能導致事物"通泰"及和美昌盛的規律。

十二、《否》卦

由下坤（☷）上乾（☰）組成，卦形作"䷋"，象徵"否閉"。上卦"乾"爲天，下卦"坤"爲地。天居上、地在下，猶如天地、陰陽、上下兩不交合，喻示"否閉"景象。全卦揭示事物對立面之間不相應和、陰陽不合的情狀，並指明轉"否"致"泰"的途徑。

十三、《同人》卦

由下離（☲）上乾（☰）組成，卦形作"䷌"，象徵"和同於人"。上卦"乾"爲天，下卦"離"爲火。天在上、火亦炎上，爲兩相親和之象，喻示"和同於人"的情狀。全卦揭示人們之間應以正道和睦共處的道理，與古代的"大同"理想有相通之處。

十四、《大有》卦

由下乾（☰）上離（☲）組成，卦形作"䷍"，象徵"大獲所有"。上卦"離"爲火，下卦"乾"爲天。火在天上，無處不照，喻示"大獲所有"的情狀。全卦揭明事物在昌盛富有之時，如何善處其時、長保所有的規律。

十五、《謙》卦

由下艮（☶）上坤（☷）組成，卦形作"䷎"，象徵"謙虛"。上卦"坤"爲地，下卦"艮"爲山。高山低處在地下，喻示"謙虛"的情狀。全卦盛贊謙虛的美德，並指示人處"謙"之道以及通過"謙虛"獲得吉善的義理。

十六、《豫》卦

　　由下坤（☷）上震（☳）組成，卦形作"䷏"，象徵"歡樂"之義。上卦"震"爲雷，下卦"坤"爲地。雷動地上，萬物振奮，喻示"歡樂"情狀。全卦揭示物情歡樂所寓含的意義，以及處"樂"應當適中、不可窮歡極樂的道理。

十七、《隨》卦

　　由下震（☳）上兌（☱）組成，卦形作"䷐"，象徵"隨從"。上卦"兌"爲澤，下卦"震"爲雷。猶如大澤中響着雷聲，澤隨雷動，喻示"隨從"情狀。全卦展示事物當"隨從"之時，無論是人隨己、己隨人、下隨上、上隨下，均當遵循"從善"、"從正"的基本原則。

十八、《蠱》卦

　　由下巽（☴）上艮（☶）組成，卦形作"䷑"，象徵"拯弊治亂"。"蠱"字意思是"亂"。朱熹解釋爲"壞極而有事"，即卦名所取"拯弊治亂"之義。上卦"艮"爲山，下卦"巽"爲風。猶如山下吹來大風，物被毀壞而待治，故喻示"拯弊治亂"的情狀。全卦揭示事物出現弊亂之時，如何審慎拯治、撥亂反正的道理。

十九、《臨》卦

由下兌（☱）上坤（☷）組成，卦形作“䷒”，象徵
“監臨”。“臨”字的意思是“居上臨下”，故卦名取爲“監
臨”之義。上卦“坤”爲地，下卦“兌”爲澤。地居澤上，
以高臨下，喻示尊者“監臨”卑者。全卦揭示“臨物居上”
的意義，就古代政治而言，即是側重闡發“上統治下”、“尊
統治卑”的某些規律。

二十、《觀》卦

由下坤（☷）上巽（☴）組成，卦形作“䷓”，象徵
“觀仰”。上卦“巽”爲風，下卦“坤”爲地。猶如風行地
上，喻示萬物通過“觀仰”美善之物而皆受感化。全卦大
義，重在闡發觀摩瞻仰美盛事物足以推行“教化”的道理。
今天尚在使用的“觀光”、“大觀”等詞，其典故即出自
本卦。

二十一、《噬嗑》卦

《噬嗑》卦，“嗑”音合 hé。由下震（☳）上離（☲）組

成，卦形作"☲☵"，象徵"噬合"，即"咬合"。"噬"字意思
是"咬嚙"，"嗑"字意思是"交合"，兩字連用即卦名所取
"噬合"之義。上卦"離"爲火，在上爲"閃電"之象，下
卦"震"爲雷，雷電交擊，猶如動物口中上下"噬合"，也喻
示用刑罰罪應當有"雷電"之勢。全卦大旨，以口中"噬合"
食物作譬喻，闡發"施用刑法"的意義。

二十二、《賁》卦

由下離（☲）上艮（☶）組成，卦形作"☶☲"，象徵
"文飾"。"賁"字意思是"修飾"，故卦名取爲"文飾"之
義。上卦"艮"爲山，下卦"離"爲火。猶如山下燃燒著火
焰，山形更加煥彩增美，喻示"文飾"情狀。全卦闡發事物
之間相互文飾的規律，主張適如其分的裝飾，崇尚樸素自然
之美。

二十三、《剝》卦

由下坤（☷）上艮（☶）組成，卦形作"☶☷"，象徵
"剝落"。上卦"艮"爲山，下卦"坤"爲地。猶如高山頹
委地面，喻示事物被"剝落"。在卦形的排列結構上，此卦
也十分明顯地展示着五個陰爻共剝一陽的特殊狀態。全卦揭
明事物在發展過程中"陽"被"陰"剝落，止面因素爲反

面因素摧折的情狀，指出“剝”極必“復”，順勢止“剝”
的哲理。

二十四、《復》卦

由下震（☳）上坤（☷）組成，卦形作“䷗”，象徵
“回復”。上卦“坤”爲地，下卦“震”爲雷。震雷在地下微
動，喻示陽氣“回復”。全卦展示事物正氣復轉，生機更發的
情狀，指明“正道”復興這一不可抗拒的自然規律。

二十五、《无妄》卦

由下震（☳）上乾（☰）組成，卦形作“䷘”，象徵
“不妄爲”。上卦“乾”爲天，下卦“震”爲雷。雷聲響徹天
下，喻示萬物敬畏都“不妄爲”。全卦指出凡事均不妄爲的道
理，以及置身“无妄”之時的某些規律。

二十六、《大畜》卦

由下乾（☰）上艮（☶）組成，卦形作“䷙”，象徵
“大爲畜聚”。上卦“艮”爲山，下卦“乾”爲天。猶如天被
包涵在山中，喻示所畜聚者至大。全卦表明事物發展過程中，
必須竭力畜聚剛健正氣的道理。

　　西漢時期的京房（前77—前37），曾隨從《易》師焦延壽
問業。焦氏精通占卜，京房盡得焦氏的真傳。焦延壽說過："得
我道以亡身者，必京生也。"後來京房因爲向皇帝上疏，用占卜
來抨擊政治，果然遭人誣陷，被朝廷處死，年僅四十一歲。京房
生前創造了六親筮法，并發明了用三枚銅錢起卦的方式，稱爲
"金錢卜"或"金錢卦"，至今民間術家仍常用之。

二十七、《頤》卦

由下震（☳）上艮（☶）組成，卦形作“䷚”，象徵“頤養”。上卦“艮”爲山，義爲“止”；下卦“震”爲雷，義爲“動”。山下響着震雷，下動上止，猶如口中嚼食，喻示進食以獲“頤養”。事實上，“頤養”之道有着特定的内涵，有時，它不僅僅體現於個體行爲，因此，全卦闡發事物養育其身的規律，並推贊“養人”、“養賢”、“養天下”的“頤養”盛德。

二十八、《大過》卦

由下巽（☴）上兑（☱）組成，卦形作“䷛”，象徵“大爲過甚”。上卦“兑”爲澤，下卦“巽”爲風，又爲“木”之象。大澤淹没樹木，喻示處境“大爲過甚”的情狀。全卦揭示事物的發展有時導致陽剛過甚、陰柔極弱的失常狀態，指明善處“大過”的道理及拯治“大過”的規律。

二十九、《坎》卦

上下皆由“坎”（☵）組成，卦形作“䷜”，象徵“重重險陷”。卦象擬取兩“水”迭連流至，即是喻示“險陷”衆多之義。全卦揭明謹慎行險，以及脫出險難，走向亨通的道理。

三十、《離》卦

上下皆由“離”（☲）組成，卦形作“䷝”，象徵“附著”。“離”爲火、爲日，卦象擬取光明接連昇起，懸附高空，即喻示“附著”之義。全卦闡明事物往往需要附著於一定的環境、條件而存在的道理。

三十一、《咸》卦

由下艮（☶）上兌（☱）組成，卦形作“䷞”，象徵“交感”。“咸”的意思是“感”，故卦名取爲“交感”之義。前人或認爲，“咸”字之所以訓“感”，乃屬無“心”之感，這是人類最真誠的交感。上卦“兌”爲澤，下卦“艮”爲山。猶如山上有大澤，山、澤氣息相通，喻示“交感”情狀。全卦揭明事物在一定的條件下，陰陽之間不可或缺的交互感應的規律。

三十二、《恒》卦

由下巽（☴）上震（☳）組成，卦形作“䷟”，象徵“恒久”。上卦“震”爲雷，下卦“巽”爲風。雷發風行，兩者常相交助，喻示物情"恒久"之義。全卦揭明事物"居久守恒"的道理，就人事而言，就是教人爲善、治學要有持之以恒的精神。

三十三、《遯》卦

由下艮（☶）上乾（☰）組成，卦形作"䷠"，象徵"退避"。上卦"乾"爲天，下卦"艮"爲山。高天下面立着大山，猶如天遠避山，喻示"退避"的情狀。全卦揭示事物的發展受阻礙時，必須暫行退避，以待來日振興復盛。

三十四、《大壯》卦

由下乾（☰）上震（☳）組成，卦形作"䷡"，象徵"大爲强盛"。上卦"震"爲雷，下卦"乾"爲天。天上雷聲震響，剛强威盛，喻示"大爲强盛"之義。全卦既褒贊"大壯"爲事物發展的美好階段，又指出如何善葆"盛壯"的道理。

三十五、《晉》卦

由下坤（☷）上離（☲）組成，卦形作"䷢"，象徵"晉長"。上卦"離"爲日，下卦"坤"爲地。日出地上，喻示"晉長"之義。全卦揭明事物順勢晉長的途徑及規律。

三十六、《明夷》卦

由下離（☲）上坤（☷）組成，卦形作"䷣"，象徵"光明殞傷"。"夷"字意思是"傷"，卦名"明夷"即言光明遭損而暗淡。上卦"坤"爲地，下卦"離"爲日。日落地下，喻示"光明損傷"之義。全卦揭示了政治昏闇、光明泯滅之世的情狀，贊美君子自晦其明、守正不移的品質。

三十七、《家人》卦

由下離（☲）上巽（☴）組成，卦形作"䷤"，象徵"一家人"。上卦"巽"爲風，下卦"離"爲火。猶如風自火的燃燒而生出，自内延外，喻示"一家人"之事也能蔓延而影響社會風化。全卦展示在不同的背景、條件下的"治家"之道。

三十八、《睽》卦

由下兑（☱）上離（☲）組成，卦形作"䷥"，象徵"乖背睽違"。卦名"睽"字的意思是"乖背"。上卦"離"爲火，下卦"兑"爲澤。火炎上，澤潤下，兩者違行，喻示事物相互睽背的情狀。全卦重在闡明如何化"睽"爲"合"
的道理。

三十九、《蹇》卦

　　由下艮（☶）上坎（☵）組成，卦形作"䷦"，象徵
"蹇難"。卦名"蹇"字的意思是"難行"。上卦"坎"爲
水，下卦"艮"爲山。高山上有惡水，喻示路艱難行。全卦
揭示事物發展過程中曲折不順的情狀，指明濟涉蹇難的可行
之道。

四十、《解》卦

　　由下坎（☵）上震（☳）組成，卦形作"䷧"，象徵
"舒解"。上卦"震"爲雷，下卦"坎"爲水、爲雨之象。雷
雨興起，草木萌發，喻示"舒解"情狀。全卦表明事物在特
定的條件下，必須通過去患、舒險、解難，才能求得一種安寧
平和的環境。

四十一、《損》卦

　　由下兌（☱）上艮（☶）組成，卦形作"䷨"，象徵
"减損"。上卦"艮"爲山，下卦"兌"爲澤。山下有深澤，

猶如澤自損以增山高，喻示"減損"之義。全卦揭示事物有時必須在某個方面作一定的減損，才能獲益，並側重指出"損下益上"的道理。

四十二、《益》卦

由下震（☳）上巽（☴）組成，卦形作"䷩"，象徵"增益"。上卦"巽"爲風，下卦"震"爲雷。震雷奮響，風聲交助，喻示"增益"情狀。全卦揭示事物有時必須獲得增益的道理，卦旨側重"損上益下"之義。

四十三、《夬》卦

由下乾（☰）上兌（☱）組成，卦形作"䷪"，象徵"決斷"。卦名"夬"字的意思是"決"。上卦"兌"爲澤，下卦"乾"爲天。猶如澤中水氣昇騰於天，決然降雨，喻示"決斷"的情狀。全卦從陰陽矛盾激化的角度，揭示陽剛應當決裁陰柔，亦即"君子"應當清除"小人"，"正氣"應當壓倒"邪氣"的道理。

四十四、《姤》卦

由下巽（☴）上乾（☰）組成，卦形作"䷫"，象徵

"相遇"。卦名"姤"字的意思是"遇"。上卦"乾"爲天，下卦"巽"爲風。天下吹行着和風，無物不遇，喻示"相遇"情狀。全卦揭明事物之間陰陽遇合的規律，並極力否定不正當、不合理的求"遇"之道。

四十五、《萃》卦

由下坤（☷）上兌（☱）組成，卦形作"䷬"，象徵"會聚"。上卦"兌"爲澤，下卦"坤"爲地。澤居地上，水潦歸匯，喻示"會聚"情狀。全卦揭示事物相爲會聚的道理，側重以人與人在政治關係中的相聚爲喻。

四十六、《升》卦

由下巽（☴）上坤（☷）組成，卦形作"䷭"，象徵"上升"。上卦"坤"爲地，下卦"巽"爲風，又有"木"之象。地中生出樹木，節節向上，喻示"上升"之義。全卦指明事物順勢上升、積小成大的道理。

四十七、《困》卦

由下坎（☵）上兌（☱）組成，卦形作"䷮"，象徵"困窮"。上卦"兌"爲澤，下卦"坎"爲水。猶如水竭於下，澤面乾涸，喻示"困窮"情狀。全卦揭明如何善處困苦窮厄之時的道理。

四十八、《井》卦

由下巽（☴）上坎（☵）組成，卦形作"䷯"，象徵"水井"。上卦"坎"爲水，下卦"巽"爲木。樹木上端有水分滲出，猶如井水被汲引而上，喻示"井"象。全卦把"井"人格化，通過展示水井"養人"的種種美德，譬喻"君子"時時刻刻均應當修美自身、惠物無窮。

四十九、《革》卦

由下離（☲）上兌（☱）組成，卦形作"䷰"，象徵"變革"。上卦"兌"爲澤，下卦"離"爲火。澤中燃燒著烈火，猶如水泊將變爲桑田，喻示"變革"的情狀。全卦揭示事物發展到一定程度亟待變更、改革的道理，並指出處"變革"之時的某些規律。

五十、《鼎》卦

由下巽（☴）上離（☲）組成，卦形作"䷱"，象徵"鼎器"。上卦"離"爲火，下卦"巽"爲木。木上燃燒著火焰，猶如用鼎煮食物，喻示"鼎器"之象。全卦借"鼎"煮物、化生爲熟的功用，譬喻事物調劑成新之理，其中側重體現行使權力、"經濟天下"、"自新新人"的意義。

五十一、《震》卦

上下皆由"震"（☳）組成，卦形作"䷲"，象徵"雷動"。卦象擬取巨雷疊連轟響，即是喻示"雷動"之義。全卦揭示事物由於受震動而恐懼謹慎，可以獲得亨通的道理。

五十二、《艮》卦

上下皆由"艮"（☶）組成，卦形作"䷳"，象徵"抑止"。卦象擬取兩山重疊、屹立不動，即是喻示"抑止"之義。全卦揭示抑止邪惡妄欲的道理。

五十三、《漸》卦

由下艮（☶）上巽（☴）組成，卦形作"䷴"，象徵"漸進"。上卦"巽"爲木，下卦"艮"爲山。山上有樹木，漸漸高大，喻示"漸進"之義。全卦闡明事物發展過程中"循序漸進"的道理。

五十四、《歸妹》卦

由下兌（☱）上震（☳）組成，卦形作“☳☱”，象徵“嫁出少女”。卦名中的“歸”字，是古代女子出嫁之稱，“妹”字猶言“少女”。上卦“震”爲雷，其義爲“動”；下卦“兌”爲澤，其義爲“悦”。大澤上響着震雷，欣悦而動，喻示“嫁出少女”的歡愉情狀。全卦以“嫁女”作譬喻，揭明“陰”應當以“陽”爲歸宿，則天地得以和合，萬物得以繁衍的道理。

五十五、《豐》卦

由下離（☲）上震（☳）組成，卦形作“☳☲”，象徵“豐大”。上卦“震”爲雷，下卦“離”爲火、爲電光。雷震和電光一齊到來，喻示威明之德“豐大”。全卦揭示事物豐盛碩大的道理，以及求豐、處豐、保豐的某些規律。

五十六、《旅》卦

由下艮（☶）上離（☲）組成，卦形作“☲☶”，象徵“行旅”。上卦“離”爲火，下卦“艮”爲山。山上燃燒著火，火勢流行不止，喻示“行旅”情狀。全卦展示羈旅居外的不同處境，揭明正確的處旅之道。

五十七、《巽》卦

上下皆由"巽"（☴）組成，卦形作"☴"，象徵"順從"。"巽"爲風，又有"和順能入"之義。卦象擬取和風連連相隨，喻示"順從"情狀。全卦揭示事物發展過程中相爲順從的規律，强調陰順陽、卑順尊等方面的義理。

五十八、《兑》卦

上下皆由"兑"（☱）組成，卦形作"☱"，象徵"欣悦"。卦象擬取兩澤並連，交相浸潤，喻示物情"欣悦"之義。全卦揭明事物在一定的環境、條件下出現的欣悦情狀，以及正確處"悦"的道理。

五十九、《涣》卦

由下坎（☵）上巽（☴）組成，卦形作"☴"，象徵"涣散"。上卦"巽"爲風，下卦"坎"爲水。風行水面，漣漪泛起，喻示"涣散"情狀。全卦從對立統一的角度，展示事物在發展的特定狀態中，"涣散"與"聚合"相互依存的關係。

六十、《節》卦

由下兌（☱）上坎（☵）組成，卦形作“䷻”，象徵“節制”。上卦“坎”爲水，下卦“兌”爲澤。沼澤上有水，水量有限，喻示“節制”情狀。全卦揭明事物在發展過程中，有時必須適當節制的道理。

六十一、《中孚》卦

由下兌（☱）上巽（☴）組成，卦形作“䷼”，象徵“中心誠信”。卦名中的“孚”字，意思是“信”。上卦“巽”爲風，其義爲“順入”；下卦“兌”爲澤，其義爲“欣悦”。澤上吹拂着和風，和順欣悦，喻示“中心誠信”的情狀。全卦展示物情篤誠信實的意義，以及處“誠”的要領。

六十二、《小過》卦

由下艮（☶）上震（☳）組成，卦形作“䷽”，象徵“小有過越”。上卦“震”爲雷，下卦“艮”爲山：雷聲在山頂奮響，聲勢稍爲過常，喻示“小有過越”的情狀。全卦揭示事物在發展過程中，有時柔小，尋常之處應當稍爲過越的道理。

六十三、《既濟》卦

由下離（☲）上坎（☵）組成，卦形作"䷾"，象徵"事已成"。卦名中的"濟"字，意思是"成功"。上卦"坎"爲水，下卦"離"爲火。火在水下燒，煮成食物，喻示"事已成"的情狀。全卦揭示在諸事皆成之際，如何"守成"的道理。

六十四、《未濟》卦

由下坎（☵）上離（☲）組成，卦形作"䷿"，象徵"事未成"。上卦"離"爲火，下卦"坎"爲水。火在水上燒，難以煮物，喻示"事未成"的情狀。全卦揭示在諸事未成之際，如何審慎促使其成，化"未濟"爲"既濟"的道理。

以上我們把六十四卦的卦形構成及擬象原理，作了簡要的解説。從中可以看出，由八卦重成的六十四卦，每卦均象徵一種事理，其中八卦的卦象起着很大的喻示作用。有人説，六十四卦是打開人生大門的64把鑰匙，即是從各卦蘊含的義理來説的。當然，六十四卦的義理十分繁富，要徹底理解六十四卦，還需要結合各卦的卦辭、爻辭及《象傳》、《象傳》等作深入研討。但最初卻應當從六十四卦的擬象原理入手。

　　有的讀者可能要問：六十四卦的擬象形式有 64 種，其中八卦相重又錯綜變化，怎樣才能把這些卦都記住呢？朱熹《周易本義》書前載有一首六十四卦《卦象次序》口訣，分爲"八宮"（即八組）排列，甚便於讀者牢記卦形，茲將全文鈔錄如下：

　　　《乾》爲天，天風《姤》，天山《遯》，天地《否》，風地《觀》，山地《剝》，火地《晉》，火天《大有》。
　　　《坎》爲水，水澤《節》，水雷《屯》，水火《既濟》，澤火《革》，雷火《豐》，地火《明夷》，地水《師》。
　　　《艮》爲山，山火《賁》，山天《大畜》，山澤《損》，火澤《睽》，天澤《履》，風澤《中孚》，風山《漸》。
　　　《震》爲雷，雷地《豫》，雷水《解》，雷風《恒》，地風《升》，水風《井》，澤風《大過》，澤雷《隨》。
　　　《巽》爲風，風天《小畜》，風火《家人》，風雷《益》，天雷《无妄》，火雷《噬嗑》，山雷《頤》，山風《蠱》。
　　　《離》爲火，火山《旅》，火風《鼎》，火水《未濟》，山水《蒙》，風水《渙》，天水《訟》、天火《同人》。
　　　《坤》爲地，地雷《復》，地澤《臨》，地天《泰》，雷天《大壯》，澤天《夬》，水天《需》，水地《比》。
　　　《兌》爲澤，澤水《困》，澤地《萃》，澤山《咸》，水山《蹇》，地山《謙》，雷山《小過》，雷澤《歸妹》。

　　鄭玄（127—200），東漢人，籍貫山東。隨從長安的馬融學《易》，三年見不到老師，由高業弟子代師傳授。但他仍堅持研究。一天，馬融召集全體學生考查成績，論辯《易》理，第一次召見鄭玄。這天鄭玄回答問題最好，一鳴驚人。考論完畢，鄭玄向老師辭別歸去。老師感嘆惋惜。後來鄭玄成爲東漢第一流的經學家，易學成就很高。

這八組卦象口訣，展示出八卦相重爲六十四卦的形態。只要讀者熟悉八卦的基本象徵物，並記誦口訣，則六十四卦的卦形必能了然於心中。熟讀這組口訣，再進一步加深領會六十四卦的擬象原理，實可以獲得事半功倍的效果。

第八章　六十四卦的排列順序有何意義

　　讀者不難想象，要是《周易》的六十四卦排列毫無規矩，散處書中，那顯然是雜亂無章，閱讀者尋不着頭緒，《周易》也不成其書了。

　　因此，古人在編定《周易》六十四卦的同時，也規定了它們的排列次序。而且，在各卦相互承接之間，還寓含着編者所賦予的一定的哲學意義。歷代讀《易》者在研習《周易》之初，均十分重視對六十四卦的卦序寓義的理解。當然，在探討卦序寓義之前，我們須先明確歷代相傳的《周易》通行本的六十四卦究竟是怎樣排序的。

　　所以，下面從兩個角度談談這一問題。

一、六十四卦的排列順序

　　前文已經說過，《周易》中的六十四卦分爲上下兩篇，稱爲"上下經"，上經三十卦，下經三十四卦。上下經各卦的排序是：

　　上經：《乾》卦第一，《坤》卦第二，《屯》卦第三，《蒙》卦第四，《需》卦第五，《訟》卦第六，《師》卦第七，《比》

卦第八，《小畜》卦第九，《履》卦第十，《泰》卦第十一，《否》卦第十二，《同人》卦第十三，《大有》卦第十四，《謙》卦第十五，《豫》卦第十六，《隨》卦第十七，《蠱》卦第十八，《臨》卦第十九，《觀》卦第二十，《噬嗑》卦第二十一，《賁》卦第二十二，《剝》卦第二十三，《復》卦第二十四，《无妄》卦第二十五，《大畜》卦第二十六，《頤》卦第二十七，《大過》卦第二十八，《坎》卦第二十九，《離》卦第三十。這就是上經三十卦的次序。

　　下經：《咸》卦第三十一，《恒》卦第三十二，《遯》卦第三十三，《大壯》卦第三十四，《晉》卦第三十五，《明夷》卦第三十六，《家人》卦第三十七，《睽》卦第三十八，《蹇》卦第三十九，《解》卦第四十，《損》卦第四十一，《益》卦第四十二，《夬》卦第四十三，《姤》卦第四十四，《萃》卦第四十五，《升》卦第四十六，《困》卦第四十七，《井》卦第四十八，《革》卦第四十九，《鼎》卦第五十，《震》卦第五十一，《艮》卦第五十二，《漸》卦第五十三，《歸妹》卦第五十四，《豐》卦第五十五，《旅》卦第五十六，《巽》卦第五十七，《兌》卦第五十八，《渙》卦第五十九，《節》卦第六十，《中孚》卦第六十一，《小過》卦第六十二，《既濟》卦第六十三，《未濟》卦第六十四。這就是下經三十四卦的次序。

　　上下經組合，即爲《周易》所規定的六十四卦排列順序。前章敘及六十四卦的擬象原理時，筆者便是按此順序簡說諸卦象旨。

可能讀者在接觸六十四卦序次的時候，會産生一種畏難心理，這些卦名讀起來本就拗口，若要記住它們的排列順序，豈非大爲不易？

不過，你如果讀過朱熹《周易本義》書前附載的一首《上下經卦名次序歌》，上述疑難便渙然冰釋了。這首歌訣把六十四卦卦名按次序編成七言詩句的形式，一氣貫下，頗易記誦。歌訣如下：

> 乾坤屯蒙需訟師，比小畜兮履泰否。
> 同人大有謙豫隨，蠱臨觀兮噬嗑賁。
> 剝復无妄大畜頤，大過坎離三十備。
> 咸恒遯兮及大壯，晉與明夷家人睽。
> 蹇解損益夬姤萃，升困井革鼎震繼。
> 艮漸歸妹豐旅巽，兌渙節兮中孚至。
> 小過既濟兼未濟，是爲下經三十四。

以上十四句，前六句爲上經卦序，後八句爲下經卦序，又以押韻的句式寫成，故讀起來甚爲順口。只要把這首歌背熟，則六十四卦的卦名及排列順序就全記住了。

二、六十四卦相承的寓意

明白了六十四的卦序，就須領會各卦爲什麼如此排列，以及卦與卦之間相互承受有何寓意。

這一點，《易傳》中的《序卦傳》説得十分明白。下面，根據《序卦傳》所叙，分上下經簡説諸卦相承之義。

（一）上經三十卦的相承之義

古人認爲，有了"天"、"地"，然後萬物才開始産生，所以《周易》首先設定了象徵天地的《乾》、《坤》兩卦。天地開創之初，只有萬物初生、草創時的絪緼氣息，所以繼《乾》、《坤》之後是象徵事物"初生"的《屯》卦。事物初生必然蒙昧無知，所以接著是象徵"蒙稚"的《蒙》卦。事物幼稚不可不養育，所以接著是象徵"需待"飲食的《需》卦。面臨飲食問題必然有所爭訟，所以接著是象徵"爭訟"的《訟》卦。爭訟必然要依靠衆人力量的興起，所以接著是象徵"兵衆"的《師》卦。兵衆興起，決出勝負之後，事物必然要選擇比輔對象，所以接著是象徵"親密比輔"的《比》卦。相互比輔必然有所畜聚，所以接著是象徵"小有畜聚"的《小畜》卦。事物有所畜聚然後要用禮節規範其行爲，所以接著是象徵循禮"小心行走"的《履》卦。循禮小心行走必然導致通泰而萬事均安，所以接著是象徵"通泰"的《泰》卦。事物不可能終久亨通安泰，所以接著是象徵"否閉"的《否》卦。事物也不可能終久否閉，所以接著是象徵"和同於人"、萬物諧睦的《同人》卦。與人和同，外物必然紛紛歸

附，所以接著是象徵"大獲所有"的《大有》卦。大獲所有
之時不應當盈滿驕傲，所以接著是象徵"謙虛"的《謙》卦。
所獲既大又能謙虛的人必然歡愉快樂，所以接著是象徵"歡
樂"的《豫》卦。與人共相歡樂必然有人隨從，所以接著是
象徵"隨從"的《隨》卦。以喜悅之心隨從於人必然要有所
用事，所以接著是象徵"拯弊治亂"的《蠱》卦。能夠拯治
事物然後功業可以盛大，並足以高居要職，所以接著是象徵
"高臨"於眾人的《臨》卦。事物尊高盛大然後可以受人觀
仰，所以接著是象徵"觀仰"的《觀》卦。通過觀仰感化然
後人類上下之間就有所融合，所以接著是象徵"交合"的
《噬嗑》卦。事物不能草率交合，必須加以文飾，所以接著是
象徵"文飾"的《賁》卦。過分的文飾必然使事物消剝窮盡，
所以接著是象徵"剝落"的《剝》卦。事物不可能終久窮盡，
剝盡於上就導致回復於下，所以接著是象徵"回復"的《復》
卦。能回復正道就不至於胡作非爲，所以接著是象徵"不妄
爲"的《无妄》卦。能夠不妄爲然後可以大量畜聚外物，所
以接著是象徵"大爲畜聚"的《大畜》卦。事物大爲畜聚然
後可以施用於頤養，所以接著是象徵"頤養"的《頤》卦。
沒有大量充足有餘的頤養就不可能振興奮動，所以接著是象徵
"大爲過甚"的《大過》卦。事物不能長久過甚，過極必有危
險，所以接著是象徵"險陷"的《坎》卦。遭遇危險時必須
要有所憑依附著，才能獲得援助而脫險，所以接著是象徵
"附著"的《離》卦。

以上是上經三十卦承連順序所寓含的哲理意義。

（二）下經三十四卦的相承之義

古人認爲，有了"天"、"地"然後才有萬物，有了萬物然後才有男性女性，有了男性女性然後才能配成夫婦，於是，人類社會便出現父子、君臣以及上下尊卑的名分。因此，《周易》下經從象徵男女"交感"的《咸》卦開始。男女夫婦的道理不能不恒久存在，所以接著是象徵"恒久"的《恒》卦。事物不可能長久安居於一個處所，所以接著是象徵"退避"的《遯》卦。事物不可能終久退避，必將重新振興盛大，所以接著是象徵"大爲强盛"的《大壯》卦。事物不可能長久安守壯盛而無所進取，所以接著是象徵"進長"的《晉》卦。往前進長必將有所損害，所以接著是象徵"光明殞傷"的《明夷》卦。在外遭受損傷的人必然要返回家中，以求家庭溫暖的慰藉，所以接著是象徵"一家人"的《家人》卦。家庭的發展道路窮困必然要產生種種乖背睽違的事端，所以接著是象徵"乖背睽違"的《睽》卦。事物相互乖違必然導致蹇難，所以接著是象徵"蹇難"的《蹇》卦。事物不可能長久蹇難，必有緩解之時，所以接著是象徵"舒解"的《解》卦。舒解過程中必然要有所減損，所以接著是象徵"減損"的《損》卦。能夠自我減損、施益他人，必然也受人增益，所以接著是象徵"增益"的《益》卦。增益不止，必然滿盈流潰而被斷然決除，所以接著是象徵"決斷"的《夬》卦。能够決斷清除邪惡必然有所喜遇，所以接著是象徵"相遇"的《姤》卦。事物相遇然後群體會聚，所以接著是象徵"會聚"的《萃》卦。事物會聚可以共同上進，所以接著是象徵"上升"的《升》卦。上升不止必然要困窮，所以接著是象徵"困窮"的《困》卦。困窮於上的必然要返歸於下，以求安居，所以接著是象徵"水井"的《井》卦。水井歷久必然污穢，不能不變革整治，所以接著是象徵"變革"的《革》卦。變革事物没有比鼎器化生爲熟更顯著的，所以接著是象徵"鼎器"的《鼎》卦。主持鼎器正代表着掌握權力，需要强大的威勢，所以接著是象徵權威"雷動"的《震》卦。事物不可長久震動，應當適當抑止，所以接著是象徵"抑止"的《艮》卦。事物不可能抑止太久，必須逐漸前行，所以接著是象徵"漸進"的《漸》卦。事物漸進必將要尋找依歸，所以接著是象徵"嫁出少女"的《歸妹》卦。事物獲得依歸必然發展豐大，所以接著是象徵"豐大"的《豐》卦。豐大窮極的人必將喪失安居的處所，所以接著是象徵在外"行旅"的《旅》卦。行旅的人無處容身，必然要順從他人才能進入客居處所，所以接著是象徵"順從"的《巽》卦。因順從而進入適宜的居所，心中必然欣悦，所以接著是象徵"欣悦"的《兑》卦。心中欣悦然後就能推散其所悦，所以接著是象徵"渙散"的《渙》卦。事物不能長久無節制地渙發離散，所以接著是象徵"節制"的《節》卦。有所節制，就應當用誠信來守持美德，所以接著是象徵"中心誠信"的《中孚》卦。堅守誠信的人必然要稍爲過分果決地履行諾言，所以接著是象徵"小有過越"的《小過》卦。美善的行爲有所過越的人辦事必能成功，所以接著是象徵"事已成"的《既濟》卦。事物的發展是沒有窮盡的，成功之後又將帶來未成功因素，所以接著是象徵"事未成"的《未濟》卦作爲《周易》六十四卦的終了。

以上是下經三十四卦承連順序所寓含的哲理意義。

上面就六十四卦排列順序中所包涵的意義作了簡要解說，基本上是按照《序卦傳》的内容略爲演繹，讀者可以結合研讀《序卦傳》作進一步的理解。其中對各卦名義的概括，有的與卦義切合，有的僅取一個側面爲説，原因是：《序卦傳》的宗旨是揭明卦與卦之間的有機聯繫，而不在於闡析各卦的完整意義。所以晉朝的韓康伯指出："《序卦》之所明，非《易》之所蘊也。"（《周易正義》引）北宋的蘇軾也説："《序卦》之論《易》，或直取其名而不本其卦者多矣，若賦詩斷章然，不可以一理求也。"（《東坡易傳》）

另外，讀者還應當明白，六十四卦的排列，並非只有今本《周易》所展示的這種順序。前面第二章提到，《周易》之前的兩種占筮書：《連山》中的六十四卦以《艮》卦居首，《歸藏》中的六十四卦以《坤》卦居首，可見這兩書的卦序與《周易》不同。至於秦漢以後流傳的《周易》本子或各家《易》説，如西漢馬王堆出土的《帛書周易》，京房的《京氏易傳》，南宋朱熹《周易本義》卷首所載《六十四卦方圓圖》

等，所示六十四卦的排序也與今本《周易》不同，這是由於
後人爲了占筮時記誦卦形的方便，以及推闡説《易》者的自
身思想而做的改動，並非《周易》卦序的本來面目。所以，
我們研讀《周易》，應當記住《序卦傳》中揭明的六十四卦卦
序的涵義，而不能被歷史上流傳的其他卦序所影響。

　　最後，我們在理解《周易》六十四卦逐卦相承的含義之
外，還須領會《周易》作者把《乾》、《坤》兩卦安排在篇
首，把《既濟》、《未濟》兩卦安排在最後的用意。這樣安排，
事實上反映了一種頗爲深刻的哲學思想：萬物的開創成長本於
充沛強健的"陽剛"元氣和順承寬舒的"陰柔"元氣，而人
們開拓任何事業也須傚法這種"自强不息"的剛健精神及
"厚德載物"的柔順精神，這便是《乾》、《坤》兩卦居六十
四卦之首的意義；一切事物的發展，既沒有絕對成功的時候，
也沒有完全窮盡的時刻，所以人們應當牢記"完美"或"成
功"只是相對的，"缺陷"或"未成"卻是時時伴隨著前者而
存在，成功之後又要以未成功作爲奮鬥的新起點，任何時候都
要努力進取，這便是《既濟》、《未濟》居六十四卦之終的意
義。可見，以《乾》、《坤》居首，以《既濟》、《未濟》居
終，確是《周易》作者的精心安排，寓意深遠。這一點，在
《序卦傳》中也略有敘及。

　　因此，《易傳》中的《序卦傳》一篇，不僅展示了《周
易》六十四卦的次序，還從特定的角度揭明各卦排列順序的
哲學內涵，值得認真研習。

　　虞翻（164—233），三國時吳人。當過軍事將領，跟隨孫策、孫權打過仗。秉性剛直，不拘小節。精通《周易》。曾向孫權説：我同郡的一個人叫陳桃，做了個夢，夢見我虞翻與一位道士相遇，道士排出《周易》六爻（六條符號），取三爻叫我吞下，我要求把六爻全吞了，道士不肯，説：“《易》道在天，三爻足矣!”虞翻根據陳桃的這個夢，認爲自己受命於天，理應精通《周易》。他寫的《易注》在當時影響很大。

第九章　爲什麽説《乾》《坤》是《周易》的門户

　　前人閲讀《周易》，最重視《乾》、《坤》兩卦，認爲讀懂了這兩卦，便是打通了研探《周易》的門徑。《易傳》中的《文言傳》，就是專門解説《乾》、《坤》的意義，也可以看出《文言傳》作者對這兩卦的重視程度。李鼎祚《周易集解》引姚信的話説："《乾》、《坤》爲門户，文説《乾》、《坤》，六十二卦皆放（仿照）焉。"這裏直接提出《乾》、《坤》兩卦是《周易》的"門户"。

　　爲什麽説《乾》、《坤》是《周易》的門户呢？原因在於，這兩卦是"純陽"、"純陰"之卦，它們的義理、條例貫穿於整個《周易》六十四卦的旨趣中。所以，讀懂這兩卦，其他六十二卦便有所仿照，易於領會。

　　但是，要真正理解《乾》、《坤》爲《周易》門户之所以然，還得結合這兩卦的卦辭、爻辭、《彖傳》、《象傳》、《文言傳》作深入研析，認真領會這些内容所包含的深刻藴蓄，才能真正明確其爲"門户"的意義所在。因此，下面對《乾》、《坤》兩卦的内容分别作一番解説。

一、《乾》卦的意義

《乾》卦的卦形作"☰"，前文已經介紹過。卦中經傳文字的安排，是先卦辭、爻辭，然後《彖傳》、《象傳》、《文言傳》。

（一）卦　辭

《乾》卦的卦辭是："乾：元，亨，利，貞。"意思是："《乾》卦象徵天：元始，亨通，和諧有利，貞正堅固。"

這是總説《乾》卦的大義。《周易》以《乾》象徵"天"，認爲"天"體現著"元，亨，利，貞"四種德性，即具有開創萬物並使之亨通、和利、正固的功效。其所以如此，在於"天"的本質元素是沛然剛健的陽氣。這種"陽氣"運行不息，變化無窮，沿春、夏、秋、冬四季而循環往復，制約、主宰着整個大自然。因此，《周易》贊美"天"，事實上即是贊美陽剛之德。

《乾》卦"四德"，對後代文化甚有影響，人們常將這四字作爲吉祥的象徵來使用。甚至不少人在編排書册卷次時，也常用"元，亨，利，貞"代表"一，二，三，四"的數序。

（二）爻　辭

《乾》卦六爻，均爲陽爻，其爻辭如下。

（1）初九爻辭：“潛龍勿用。”意思是：“巨龍潛伏水中，暫不施展才用。”第一爻是事物的發端，位卑力微，須養精蓄銳，其目的在於進一步發展。因此，所謂“勿用”，實爲時機未到，暫行潛藏而已；一旦形勢許可，就要步步進取。

（2）九二爻辭：“見龍在田，利見大人。”意思是：“巨龍出現在田間，有利於出現大人物。”九二陽剛漸增，頭角初露，邁開了重要的一步，雖距最後成功尚遠，但居中不偏，已具備成功的内在條件，所以有“大人”之譽。

（3）九三爻辭：“君子終日乾乾，夕惕若，厲无咎。”意思是：“君子整天健强不已，直到夜間還時時警惕慎行，這樣即使面臨危險也可以免遭咎害。”《乾》卦其他幾爻都稱“龍”，唯九三稱“君子”，這是由於《周易》是“隨其事而取象”，即靈活地運用各種象徵物表示特定的象徵意義。《乾》卦六爻的爻辭中，“龍”爲陽剛之物，“君子”爲强健之人，從象徵角度看，兩者都寓意於剛健不息的氣質。這一爻處下卦之上，未進入上卦，所以必須隨時惕懼，勤奮不懈，才能長保“无咎”，漸獲進益。

（4）九四爻辭：“或躍在淵，无咎。”意思是“（巨龍）或騰躍上進，或退處在淵，必无咎害。”九四已進入上卦，但居

於上卦的最低位，與九三一樣爲難處多懼之位。所以爻辭强調
要審慎抉擇時期，能進則果決奮進，不能進則毅然退却，這樣
才能避災免咎。

（5）九五爻辭："飛龍在天，利見大人。"意思是："巨龍
高飛上天，利於出現大人。"九五居上卦之中，是《乾》卦最
吉之爻，象徵着陽剛元氣發展的最美盛階段，猶如人們的事業
獲得最圓滿成功，故舊時代把君主之位稱爲"九五之尊"。因
此，爻辭中提到的利於出現的"大人"，比九二的"大人"實
爲更高一個層次。

（6）上九爻辭："亢（音抗 kàng）龍有悔。"意思是：
"巨龍高飛窮極，終將導致悔恨。"上九處《乾》卦的最高一
爻，象徵物極必反。此時陽氣發展盛極轉衰，所以爻辭擬取
"亢龍"高飛窮極，説明這樣必然遭受挫折而致悔恨。朱熹曾
經對這一爻的意義作出闡釋，説："當極盛之時，便須慮其
'亢'（即窮竭之意），如此處最是。《易》之大義，大抵於盛
滿時致戒。"（《朱子語類》）這幾句話，確實把此爻的旨趣解
説得十分透徹。

從上面所舉《乾》卦六爻爻辭的内容來看，讀者可以看
出，它們都是運用譬喻、象徵的文辭來揭示"陽剛"之氣的
發展由微小到盛極的過程。

（7）《乾》卦除六爻爻辭之外，還附有一則"用九"文
辭，它説："用九，見群龍无首，吉。"意思是："用'九'
數，出現一群巨龍，都不以首領自居，吉祥。"這也是一種譬

喻。我們説過，《周易》以"九"代表陽，"用九"便是説明如何發揮陽剛氣質的道理，是對《乾》卦六個陽爻用意的總結，也是對《周易》六十四卦中 192 個陽爻本旨的概括。這則"用九"文辭是《乾》卦六爻之後所附的特有之辭，它認爲，越是剛健，越是有地位，就越要謙讓而不强爲物先，所以文辭擬象於一群巨龍均不居首領先，正屬此意。王弼《周易注》解釋"用九"説："以剛健而居人之首，則物之所不與（即不贊成、不合作）"，這是應用了《老子》"後其身而身先"及"貴以賤爲本"的觀點，與《易》理頗爲符合。

今天，我們的習慣用語中還常用"群龍無首"這一詞，典故就是出自《乾》卦的"用九"文辭。但現在的意思是指辦事情没有人領頭，難於進行。這已經不是《周易》的原意了，讀者必須明確這一點。

本來，讀了《乾》卦的卦辭、爻辭及"用九"辭，這一卦的大義就基本可以理解了。但《易傳》中的《彖傳》、《象傳》、《文言傳》又對《乾》卦作了進一步闡釋，目的是爲了幫助讀者加深理解該卦的涵義。所以，我們也對這三類文字稍作簡析。

（三）《彖傳》

前面説過，《彖傳》的體例是解説一卦的卦辭寓義。《乾》卦的《彖傳》，旨在闡述卦辭"元，亨，利，貞"的義理内涵，其中把這四字譬喻成"陽氣"在春、夏、秋、冬四季周而復始的運轉過程，即把"元"看成"春天"陽氣的始生初萌，把"亨"看成"夏天"陽氣的盛長通達，把"利"看成"秋天"陽氣的竭盡利物，把"貞"看成"冬天"陽氣的含藏守正。陽氣如此周流不息，而大自然萬物因之生長不衰。爲了更具體地分析，下面引出《乾》卦《彖傳》的原文，並用現代漢語對其進行譯釋，以便讀者對照原文加以理解。

《乾》卦《彖傳》的原文爲："《彖》曰：大哉乾元！萬物資始，乃統天。雲行雨施，品物流行。大明終始，六位時成，時乘六龍以御天。乾道變化，各正性命，保合太和，乃利貞。首出庶物，萬國咸寧。"全文的大意是："《彖傳》說：偉大啊，開創萬物的（春天）陽氣！萬物依靠它開始産生，它統領着大自然。（夏天）雲朵飄行、霖雨降落，各類事物流佈成形。光輝燦爛的太陽反復運轉（帶來秋天），《乾》卦六爻按不同的時位組成，就像陽氣按時乘着六條巨龍駕御大自然。大自然的運行變化（迎來冬天），萬物各自靜定精神，保全太和元氣，以利於守持正固（等待來年生長）。陽氣周流不息，又統率萬物重新萌生，天下萬方都和美順昌。"

這樣，把《乾》卦《彖傳》的意義理解了，我們再回頭領會卦辭"元，亨，利，貞"的旨趣，顯然就容易多了。

（四）《象傳》

每卦的《象傳》有《大象傳》與《小象傳》之分，前面也已講過。這裏就把《乾》卦的《大象傳》和《小象傳》分開解説。

（1）《乾》卦的《大象傳》。

《乾》卦的《大象傳》作："天行健；君子以自强不息。"意思是："天的運行剛强勁健；君子因此不停地奮發圖强。"《乾》卦既是擬取"天"爲象徵，其卦形是由兩個"乾"（☰）組成的，猶如"天"在晝夜不停地運轉；因此《大象傳》根據《乾》卦的卦象，推衍出"君子"應當傚法"天"的健行之象，立身、行事要永遠奮發不止。於是，"自强不息"也就成了激勵人們以剛健精神努力奮進的成語。

（2）《乾》卦的《小象傳》。

《乾》卦的《小象傳》共有十四句，前十二句解説初九至上九這六爻爻辭之義，末兩句解説"用九"文辭之義。原文作："潛龍勿用，陽在下也；見龍在田，德施普也；終日乾乾，反復道也；或躍在淵，進无咎也；飛龍在天，大人造也；亢龍有悔，盈不可久也；用九，天德不可爲首也。"用現代漢語譯出，其大意是："巨龍潛伏在水中而暫不施展才用，説明陽氣初生居位低下；巨龍出現田間，説明九二美德昭著廣施無涯；整天健强振作，説明九三反復行道不使偏差；或騰躍上進、或退處在淵，説明九四審時前進必无咎害；巨龍高飛上天，説明九五大人奮起大展雄才；巨龍高飛窮極將有悔恨，説明上九剛亢過甚不久必衰；用九數，説明'天'的美德不自居首、剛去柔來。"這幾句語言簡約凝練，把《乾》卦的爻

辭、"用九"文辭的意義作了扼要概括，也頗有助於讀者逐爻
理解經文。

（五）《文言傳》

我們已經明白，《文言傳》分爲兩部分，前部分釋《乾》
卦，後部分釋《坤》卦。《乾》卦《文言傳》共含 16 段，以
下分别將之譯成現代漢語逐段展示其大意。

第一段，原文作："元者，善之長也；亨者，嘉之會也；
利者，義之和也；貞者，事之幹也。君子體仁足以長人，嘉會
足以合禮，利物足以和義，貞固足以幹事。君子行此四德者，
故曰：乾，元，亨，利，貞。"這是闡發卦辭"元，亨，利，
貞"之義，大意是："元始，是衆善的尊長；亨通，是美好的
會合；有利，是事義的和諧；正固，是辦事的根本。君子用仁
心作爲本體，可以當人們的尊長；尋求美好的會合，就符合
禮；施利於他物，就符合義；堅守正固的節操，就可以辦好事
務。君子是施行這四種美德的人，所以説《乾》卦象徵天，
元始，亨通，和諧有利，貞正堅固。"

第二段，原文作："初九曰'潛龍勿用'，何謂也？子曰：
龍德而隱者也。不易乎世，不成乎名；遯世无悶，不見是而无
悶；樂則行之，憂則違之，確乎其不可拔，潛龍也。"這是引
用孔子的話闡發初九爻辭之義，大意是："初九爻辭説'巨龍
潛伏水中，暫勿施展才用'，講什麼意思呢？孔子指出：這是

　　王弼（226—249），三國時魏人，籍貫河南。只活到二十四歲就病故了。他雖然享壽無多，却是十分重要的著名易家。漢代易學講求"象數"，他却奮起力掃四百多年的"象數"流弊，自標新學，用老莊玄理解《易》，寫了《周易注》、《周易略例》等書，在中國易學史上影響了一千四百多年，至今不衰。他平生聰明秀拔，不求功名，好談玄學，通曉音樂，喜歡遊宴。在高談闊論之時，每有高雅氣質。

譬喻有龍一樣品德而隱居的人。他不被污濁的世俗改變節操，不迷戀於成就功名；逃離這個世俗不感到苦悶，不爲世人稱許也不苦悶；稱心的事付諸實施，不稱心的事決不實行，具有堅定不可動摇的意志，這就是潛伏的巨龍。”

第三段，原文作：“九二曰‘見龍在田，利見大人’，何謂也？子曰：龍德而正中者也。庸言之信，庸行之謹；閑邪存其誠，善世而不伐，德博而化。《易》曰：見龍在田，利見大人，君德也。”這是引用孔子的話闡發九二爻辭之義，大意是：“九二爻辭説‘巨龍出現田間，利於出現大人’，講什麽意思呢？孔子指出：這是譬喻有龍一樣的品德而立身中正的人。他的平凡言論説到做到，他的日常舉動謹慎有節；防止邪惡的言行而保持誠摯，美好的行爲偉大而不自夸，道德廣博而能感化天下。《周易》説：巨龍出現田間，利於出現大人，正是説明出現具備君主品德的賢人。”

第四段，原文作：“九三曰‘君子終日乾乾，夕惕若，厲无咎’，何謂也？子曰：君子進德修業。忠信，所以進德也；修辭立其誠，所以居業也。知至至之，可與言幾也；知終終之，可與存義也。是故居上位而不驕，居下位而不憂。故乾乾因其時而惕，雖危无咎矣。”這是引用孔子的話闡發九三爻辭之義，大意是：“九三爻辭説‘君子整天健强振作，直到夜間還時時警惕慎行，這樣即使面臨危險也不遭咎害’。講什麽意思呢？孔子指出：這是譬喻君子要增進美德、營修功業。忠誠信實，就可以增進美德；修飾言辭出於誠摯的感情，就可以積蓄功業。知道進取的目標而努力實現它，這種人可以跟他商討事物發展的細微徵兆；知道終止的時刻而及時終止，這種人可以跟他共同保全事物發展的適宜狀態。像這樣就能居上位而不驕傲，處下位而不憂愁。所以能夠健強振作，隨時警惕慎行，即使面臨危險也就不遭咎害了。"

第五段，原文作："九四曰'或躍在淵，无咎'，何謂也？子曰：上下无常，非爲邪也；進退无恒，非離群也。君子進德修業，欲及時也，故无咎。"這是引用孔子的話闡發九四爻辭之義，大意是："九四爻辭說'（巨龍）或騰躍上進，或退處在淵，必无咎害'，講什麼意思呢？孔子指出：這是譬喻賢人的上升、下降是不一定的，並非出於邪念；他的進取、引退也是不一定的，並非脱離衆人。君子增益道德而營修功業，是想抓住時機進取，所以必无咎害。"

第六段，原文作："九五曰'飛龍在天，利見大人'，何謂也？子曰：同聲相應，同氣相求；水流濕，火就燥；雲從龍，風從虎。聖人作而萬物覩，本乎天者親上，本乎地者親下，則各從其類也。"這是引用孔子的話闡發九五爻辭之義，大意是："九五爻辭說'巨龍高飛上天，利於出現大人'，講什麼意思呢？孔子指出：這是譬喻同類的聲音互相感應，同樣的氣息互相求合；水向濕處流，火向乾處燒；景雲隨著龍吟而出，谷風隨著虎嘯而生。聖人奮起治世萬物顯明可見，依存於天的親近於上，依存於地的親近於下，各以類相從而發揮作用。"

　　第七段，原文作：“上九曰‘亢龍有悔’，何謂也？子曰：貴而无位，高而无民，賢人在下位而无輔，是以動而有悔也。”這是引用孔子的話闡發上九爻辭之義，大意是：“上九爻辭説‘巨龍高飛窮極，終將導致悔恨’，講什麽意思呢？孔子指出：這是譬喻某種人尊貴而没有實位，崇高而管不到百姓，賢明的人居下位而不輔助他，所以一旦輕舉妄動就將導致悔恨。”

　　第八段，原文作：“潛龍勿用，下也；見龍在田，時舍也；終日乾乾，行事也；或躍在淵，自試也；飛龍在天，上治也；亢龍有悔，窮之災也；乾元用九，天下治也。”這是又一次闡釋《乾》卦六則爻辭及“用九”文辭之義。文中用語簡約，泛引人類的各種社會活動爲説。大意是：“巨龍潛伏暫不施展才用，説明地位低下微賤；巨龍出現田間，説明時勢開始舒展；整天健强振作，説明事業正付諸實踐；（巨龍）或騰躍上進、或退處在淵，説明正在自我檢驗；巨龍飛上高天，説明形成最好的政治局面；巨龍高飛窮極將有悔恨，説明物態窮極帶來的災難；天有元始之德而用（陽剛化爲陰柔的）‘九’數，説明天下大治是勢所必然。”

　　第九段，原文作：“潛龍勿用，陽氣潛藏；見龍在田，天下文明；終日乾乾，與時偕行；或躍在淵，乾道乃革；飛龍在天，乃位乎天德；亢龍有悔，與時偕極；乾元用九，乃見天則。”這段是第三次重釋《乾》卦六則爻辭及“用九”文辭之義。文中用語簡約，泛引自然氣候爲説。大意是：“巨龍潛伏

暫不施展才用，説明陽氣潛藏未現；巨龍出現田間，説明天下
文彩燦爛；整天健强振作，説明陽氣追隨時光向前發展；（巨
龍）或騰躍上進、或退處在淵，説明天道轉化出現變革；巨
龍飛上高天，説明陽氣旺盛正當天位而具備天的美德；巨龍高
飛窮極將有悔恨，説明陽氣隨著時節推移而窮盡衰落；天有元
始之德而用（陽剛化爲陰柔的）‘九’數，這是體現大自然的
法則。”

第十段，原文作：“乾元〔亨〕者，始而亨者也；利貞
者，性情也。乾始能以美利利天下，不言所利，大矣哉！大哉
乾乎！剛健中正，純粹精也；六爻發揮，旁通情也；時乘六
龍，以御天也；雲行雨施，天下平也。”從本段至第十六段又
各以一整段的篇幅回頭重新闡釋《乾》卦的卦辭及六爻爻辭
之義。此段釋卦辭“元，亨，利，貞”。大意是：“《乾》卦象
徵天：元始，〔亨通，〕説明天的美德在於首創萬物並使之亨
通；和諧有利、貞正堅固，是天所蘊含的本性和内情。天一開
始就能用美好的利益來施利天下，却不説出它所施予的利惠，
這是極大的利惠啊！偉大的天啊！剛强勁健、居中守正，通體
不雜、純粹至精；《乾》卦六爻的變化，曲盡萬物的發展情
景；猶如順着不同時節套上六條巨龍，駕馭着大自然而馳騁；
行雲降雨，帶來天下太平。”

第十一段，原文作：“君子以成德爲行，日可見之行也。
潛之爲言，隱而未見，行而未成，是以君子弗用也。”這是闡
釋《乾》卦初九爻辭之義，大意是：“君子把成就道德作爲行

動的目的，是每天都可以體現出來的行爲。初九爻辭所講的'潛藏'，意思是巨龍隱藏不曾露面，行動尚未顯著，所以君子暫時不施展才用。"

　　第十二段，原文作："君子學以聚之，問以辨之，寬以居之，仁以行之。《易》曰：'見龍在田，利見大人'，君德也。"這是闡釋《乾》卦九二爻辭之義。大意是："君子靠學習來積累知識，靠發問來辨決疑難，胸懷寬闊而居於適當之位，心存仁愛而施諸一切行爲，《周易》說'巨龍出現田間，利於出現大人'，這種'大人'具備了當國君的品德。"

　　第十三段，原文作："九三重剛而不中，上不在天，下不在田，故乾乾因其時而惕，雖危无咎也。"這是闡釋《乾》卦九三爻辭之義。大意是："九三是多重陽剛叠成的，居位不正中，上不達於高天，下不立於地面，所以要不斷健強振作而隨時保持警惕，這樣即使面臨危險也不致遭受咎害。"

　　第十四段，原文作："九四重剛而不中，上不在天，下不在田，中不在人，故或之。或之者，疑之也，故无咎。"這是闡釋《乾》卦九四爻辭之義。大意是："九四是多重陽剛叠成的，居位不正中，上不達於高天，下不立於地面，中不處於人境，所以強調'或'。強調'或'的意思，就是說明要有所疑慮而多方審度，這樣就可不遭咎害。"

　　第十五段，原文作："夫大人者，與天地合其德，與日月合其明，與四時合其序，與鬼神合其吉凶。先天而天弗違，後天而奉天時。天且弗違，而況於人乎？況於鬼神乎？"這是闡釋《乾》卦九五爻辭之義。大意是："九五爻辭所説的'大人'，他的道德像天地一樣覆載萬物，他的聖明像日月一樣普照大地，他的施政像四時一樣井然有序，他示人吉凶像鬼神一樣奧妙莫測。他先於天象而行動，天不違背他；後於天象而處事，也能遵循天的變化規律。天尚且不違背他，何況人呢？何況鬼神呢？"

第十六段，原文作："亢之爲言也，知進而不知退，知存而不知亡，知得而不知喪。其唯聖人乎！知進退存亡，而不失其正者，其唯聖人乎！"這是闡釋《乾》卦上九爻辭之義。大意是："上九爻辭所説的'高飛窮極'，是説明某種人只曉得進取而不知及時引退，只曉得生存而不知終將衰亡，只曉得獲利而不知所得必失。大概只有聖人才是明智的吧！深知進取、引退、生存、滅亡的道理，行爲不偏失正確途徑的，大概只有聖人吧！"

從《乾》卦《文言傳》的十六段文辭看，可知此傳對《乾》卦的卦爻辭作了多層次、多角度的解説，將全卦的象徵旨趣分析得頗爲深透。

根據上面對《乾》卦的卦辭、爻辭、《彖傳》、《象傳》、《文言傳》的理解，我們可以進一步將該卦的意義總結如下：

作爲《周易》六十四卦之首的《乾》卦，以"天"爲象徵形象，揭示了"陽剛"元素、"强健"氣質的本質作用及其發展變化規律。孔穎達在《周易正義》中曾經設問道："此既象天，何不謂之'天'，而謂之'乾'？"他自答説：天是"定體之名”，乾是“體用之稱”，“天以健爲用者，運行不息，應化無窮，此天自然之理”。事實上這是論及《周易》的“象”與“意”的關係。從“象徵”的角度分析，《乾》卦的喻旨，正是勉勵人傚法“天”的剛健精神，奮發向上，這也是《大象傳》所極力推贊的“君子以自强不息”之旨。卦辭以“元，亨，利，貞”四言，高度概括“天”具有開創萬物，並使之亨通、富利、正固這四方面“功德”，意在表明陽氣是宇宙萬物的“資始”之本。但陽剛之氣的自身發展，又有一定的規律，於是六爻擬取“龍”作爲“陽”的象徵，從“潛龍”到“亢龍”，層層推進，形象地展示了陽氣萌生、進長、盛壯乃至窮衰消亡的變化過程。其中九五“飛龍在天”，體現陽氣至盛至美的情態；上九“亢龍有悔”，則披露物極必反、陽極生陰的哲理。《周易》的辯證哲學體系，在此鋪下了第一塊基石。

二、《坤》卦的意義

《坤》卦的卦形作“☷”，前文已經介紹過。卦中經傳内容的安排，與《乾》卦不同，是先卦辭、《彖傳》、《大象傳》，然後是初六爻辭及初六《小象傳》，六二爻辭及六二《小象傳》，六三爻辭及六三《小象傳》，六四爻辭及六四《小象傳》，六五爻辭及六五《小象傳》，上六爻辭及上六《小象傳》，“用六”文辭及“用六”《小象傳》，最後是《坤》卦的

《文言傳》。《屯》以下六十二卦的卦爻辭與《象傳》、《大象
傳》、《小象傳》的排列，均同《坤》卦之例。其所以獨留
《乾》卦的内容排列與諸卦異，朱熹認爲這是前代編定經傳參
合本《周易》的學者留一範式，以示經傳本相區別。下面依
照《坤》卦内容的排列順序逐一解説。

（一）《坤》卦的卦辭及《象傳》、《大象傳》

（1）《坤》卦的卦辭

此卦的卦辭是：“坤：元，亨，利牝（音聘 pìn）馬之貞。
君子有攸往，先迷，後得主，利。西南得朋，東北喪朋。安貞
吉。”意思是：“《坤》卦象徵地：元始，亨通，利於像雌馬一
樣守持正固。君子有所前往，要是搶先居首必然迷入歧途；要
是隨從人後就會有人作主，必有利益。往西南將得到友朋，往
東北將喪失友朋。安順守持正固可獲吉祥。”

卦辭的含義，可以分爲四層理解：第一層，説明《坤》以
“地”爲象徵，“地”配合“天”，也能開創化生萬物，並使
之亨通；此時利於像柔順的雌馬一樣守正。這裏我們可以取
《乾》卦的卦辭與之比較，《乾》卦辭有“元，亨，利，貞”
四德，《坤》卦辭中也含有這“四德”，這是兩卦的共同之處。
但《乾》德以“統天”爲本，《坤》德以“順承天”爲前提；
所以《乾》剛《坤》柔，《乾》健《坤》順，《乾》“四德”
的後二德無所限制，《坤》卦“四德”的後二德則限於“利牝

馬之貞”，以及後文的“後得主”、“安貞吉”等義，這是兩卦
“四德”的不同之處。第二層，取“君子”有所前往作譬喻，
説明《坤》德在於“柔順”、“居後”，搶先爲首必“迷”，隨
後不爭則“利”。第三層，又取“西南”、“東北”的方位作
譬喻，古人認爲“西南”爲陰方，“東北”爲陽方，故指出以
“陰”爲本之時，凡有所往趨向於陰方必能“得朋”獲助，若
趨向於陽方則將“失朋”不利。第四層，總結前三層之義，
説明《坤》德以安順守正爲吉。從這四層來看，可知《坤》
卦辭的要旨是集中説明陰柔和順、服從於陽剛的道理，即强調
“陰柔”氣質的本質作用。

　　（2）《坤》卦的《彖傳》

　　《坤》卦《彖傳》的原文是：“至哉坤元！萬物資生，乃
順承天。坤厚載物，德合无疆；含弘光大，品物咸亨。牝馬地
類，行地无疆。柔順利貞，君子攸行。先迷失道，後順得常。
西南得朋，乃與類行；東北喪朋，乃終有慶。安貞之吉，應地
无疆。”全文旨在解説此卦的卦辭寓意。譯成現代漢語，其大
意是：“美德至極啊，配合天開創萬物的大地！萬物依靠它成
長，它順從稟承天的志向。地體深厚而能普載萬物，德性廣合
而能久遠無疆；它含育一切使之發揚光大，萬物亨通暢達遍受
滋養。雌馬是地面動物，永久馳騁在無邊的大地上。它柔和溫
順利於守持正固，君子有所前往。要是搶先居首必然迷入歧途
偏失正道，要是隨從人後、溫和柔順就能使福慶久長。往西南
將得到友朋，可以和朋類共赴遠方；往東北將喪失友朋，但最

終也仍有喜慶福祥。安順守持正固的吉祥，正應合大地的美德久遠無疆。"這裏所言"東北喪朋"也仍有"福慶"，是表明只要長保"坤德"、"安順守正"，即使暫時"喪朋"，但最終將獲得"得朋"之吉。

（3）《坤》卦的《大象傳》

《坤》卦《大象傳》作："地勢坤；君子以厚德載物。"意思是："大地的氣勢厚實和順；君子因此增厚美德、容載萬物。"

《坤》卦既是擬取"地"爲象徵，其卦形是由兩個"坤"（☷）組成的，猶如大地平順無涯；因此，《大象傳》根據《坤》卦的卦象，推衍出"君子"應當傚法"地"寬厚和順之象，增厚其德以普載萬物。

（二）《坤》初六爻辭及《小象傳》

《坤》初六爻辭作："履霜，堅冰至。"大意是："踩上微霜，將迎來堅冰百丈。"這是譬喻初六爲陰氣初起之象，必然增積漸盛，猶如微霜預示着"堅冰"將至。

初六《小象傳》解釋該爻爻辭，説："履霜堅冰，陰始凝也；馴致其道，至堅冰也。"大意是："踩上微霜將迎來堅冰，説明陰氣已經開始凝積；順沿其中的規律，百丈堅冰必將來至。"

此卦初六既爲陰氣始生之象，則必有它的發展趨向。所以朱熹説："其端甚微，而其勢必盛。"（《周易本義》）古諺有云"冰凍三尺，非一日之寒"，與《坤》初六的義理正相契合。

（三）《坤》六二爻辭及《小象傳》

《坤》六二爻辭作："直方大，不習无不利。"大意是："正直、端方、宏大，不學習也未必不獲利。"這是從六二居"位"正直不偏，地"體"端方柔靜，其"用"宏大博載三方面來説明爻辭之義，故其"營修"之功自成，雖不假"學習"亦無所不利。

六二《小象傳》解釋該爻爻辭，説："六二之動，直以方也；不習无不利，地道光也。"大意是："六二的變動，趨向正直、端方；不學習也没有什麽不利的，這是地道自然的光大現象。"

此卦六二以陰居陰位，柔順中正，所稟"坤德"十分豐厚。所以《楚辭·遠遊》稱："屈原履方直之行，不容於世"，即是用"直、方"之德贊美屈原臣道忠正。朱熹指出："《坤》卦中惟這一爻最純粹。蓋五雖尊位，却是陽爻（案，指陽位），破了體了；四重陰而不中；三又不正。惟此爻得中正，所以就這説個'直方大'。"（《朱子語類》）

（四）《坤》六三爻辭及《小象傳》

《坤》六三爻辭作："含章可貞；或從王事，无成有終。"大意是："藴含陽剛章美、可以守持正固；或輔助君王的事業，成功不歸己有而謹守臣職至終。"這是説明六三陰居陽位，猶如内含剛美而不輕易發露，故可守"貞"；且"坤"象徵"臣道"，故不能以成功屬於自己，應當盡"臣職"至終。程頤《程氏易傳》指出："爲臣之道，當含晦其章美，有善則歸之於君"，"或從上之事，不敢當其成功，惟奉事以守其終耳。"

六三《小象傳》解釋該爻爻辭，説："含章可貞，以時發也；或從王事，知光大也。"大意是："蘊含陽剛章美而可以守持正固，説明六三應當根據時機發揮作用；或輔助君王的事業，説明六三的智慧光大恢弘。"《小象傳》以此爻居下卦之上，有爲"臣"頗多艱難之象，所以指出必須"智慧光大恢弘"才能守其終。《周易折中》引吕祖謙的話説："《傳》云，唯其知之光大，故能含晦。此極有意味。尋常人欲含晦者，多只去鋤治驕矜，深匿名跡。然逾鋤逾生，逾匿逾露者，蓋不曾去根本上理會自己，知未光大，胸中淺狹，才有一功一善，便無安著處，雖强欲抑遏，終制不住。譬如瓶小水多，雖抑遏固閉，終必泛濫；若瓶大則自不泛濫，都不須閑費力。"這是根據爻辭、《小象傳》推衍出爲人處世必須"含晦"，不可揚露驕矜的道理，有助於領會六三的爻義。

（五）《坤》六四爻辭及《小象傳》

《坤》六四爻辭作："括囊，无咎无譽。"大意是："束緊囊口，免遭咎害而不求贊譽。”這是説明六四有處位不中之象，其時不利於施用，故以“括囊”譬喻緘口不言、隱居不出；這樣雖不獲贊譽，但也不致咎害。

六四《小象傳》解釋該爻爻辭，説：“括囊无咎，慎不害也。”大意是：“束緊囊口而免遭咎害，説明六四必須謹慎小心才能不惹禍患。”

此卦六四以陰居陰，有謙退自守、慎而又慎之象，這是處位不利能獲“无咎”的重要條件。所以爻辭以“括囊”爲喻，《小象傳》以“慎不害”示戒。

（六）《坤》六五爻辭及《小象傳》

《坤》六五爻辭作：“黄裳，元吉。”大意是：“黄色裙裳，至爲吉祥。”這是説明六五以柔居上卦的中位，有品德謙下之象，所以爻辭以居五色之“中”的黄色象徵“中道”，以穿在下身的裙裳象徵“謙下”，並稱六五有如此美德，必獲至大吉祥。

六五《小象傳》解釋該爻爻辭，説：“黄裳元吉，文在中也。”大意是：“黄色裙裳、至爲吉祥，説明六五以温文之德守持中道。”

此卦六五獲“元吉”，在於居中而能柔和謙下，與《乾》九五陽剛向上正好相反。朱熹説：“這是那居中處下之道。《乾》之九五，自是剛健底道理；《坤》之六五，自是柔順底

道理：各隨他陰陽，自有一個道理。"（《朱子語類》）

（七）《坤》上六爻辭及《小象傳》

《坤》上六爻辭作："龍戰于野，其血玄黃。"大意是："龍在原野上交合，流出青黃交雜的鮮血。"這是説明上六柔居上位，陰氣至盛，有陰極陽來、二氣交合之象，所以爻辭以"龍"喻陽剛之氣，以"龍在原野上交合"喻陰陽和合；又因天色玄（青）地色黃，故又以"流出青黃相雜的鮮血"喻二氣交合之後的情狀。

上六《小象傳》解釋該爻爻辭，説"龍戰于野，其道窮也"。大意是："龍在原野上交合，説明上六的純陰之道已經發展窮盡。"

此卦上六"龍戰"的象徵意義有兩方面：一、陰氣至盛，終究要導致陽來；二、純陰之"坤道"窮盡，則轉入陰陽交合。所謂"天地生生之德"，就在陰陽矛盾統一中體現出來。可見，此爻明顯反映了《周易》陰陽相推、變易不窮的思想。

（八）《坤》"用六"文辭及《小象傳》

《坤》"用六"文辭作："用六，利永貞。"大意是："用六數，利於永久守持正固。"這則"用六"辭與《乾》卦的"用九"辭相對見義。我們説過，《周易》以"六"代表陰，

"用六"便是説明如何發揮陰柔氣質的道理，是對《坤》卦六個陰爻大意的總結，也是對《周易》六十四卦中 192 個陰爻內在本旨的概括。"用六"文辭所言"永久守持正固"，是一種永恒不懈的陽剛氣質，它表明事物雖爲陰柔，雖處順從、附屬的地位，也不可喪失剛氣，而必須以"剛健"濟其"柔順"。所以"用六"強調"利永貞"，正是體現"柔中寓剛"的道理。

"用六"文辭的《小象傳》解釋説："用六永貞，以大終也。"大意是："用六數而永久守持正固，説明陰柔應當以返回剛大爲歸宿。"

如果把《坤》卦"用六"與《乾》卦"用九"再作一番比較，我們可以看到，《乾》卦"用九"稱群龍不以首領自居，是剛而能柔；《坤》卦"用六"稱永久守持正固，是柔而能剛：這兩方面的意義，與《老子》提倡的"剛柔相濟"之旨正相契合。所以，"用九"、"用六"，其實也在一定程度上表露了《周易》陰陽辯證的哲理。

（九）《坤》卦的《文言傳》

《坤》卦《文言傳》共含七段，分別闡發《坤》卦的卦辭及六則爻辭的象徵意義。以下均將之譯成現代漢語，逐段展示大意：

第一段，原文作："坤至柔而動也剛，至靜而德方。後得

主而有常，含萬物而化光。坤道其順乎！承天而時行。”這是
闡發《坤》卦辭之義，大意是：“大地極爲柔順但變動時却顯
示出剛强，極爲安靜但柔美的品德却流佈四方。隨從人後、有
人作主於是保持順德久長，包容一切、普載萬物於是煥發無限
光芒。大地體現的規律多麼柔順啊！它禀承天的意志沿著四時
運行得當。”

　　第二段，原文作：“積善之家，必有餘慶；積不善之家，
必有餘殃。臣弑其君，子弑其父，非一朝一夕之故，其所由來
者漸矣！由辯之不早辯也。《易》曰：‘履霜，堅冰至’，蓋言
順也。”這是闡發初六爻辭之義，大意是：“修積善行的家族，
必然留下許多慶祥；累積惡行的家族，必然留下許多禍殃。臣
子弑殺君主，兒輩弑殺父親，並非一朝一夕的緣故，作惡的由
來是漸萌漸長，是由於君父不曾早日辨清真相。《周易》説：
‘踩上微霜，將迎來堅冰百丈’，大概是譬喻陰惡事物的發展
往往順沿一定的趨向吧。”

　　第三段，原文作：“直其正也，方其義也。君子敬以直
內，義以方外。敬義立而德不孤。‘直方大，不習无不利’，
則不疑其所行也。”這是闡發六二爻辭之義，大意是：“正直
説明品性純正，端方説明行爲適宜。君子恭敬不苟、行爲適
宜，就能使美德廣佈而不孤立。‘正直、端方、宏大，不學習
也未必不獲利’，説明美德充沛而一切行爲都無須疑慮。”

　　第四段，原文作：“陰雖有美，含之以從王事，弗敢成
也。地道也，妻道也，臣道也。地道无成而代有終也。”這是

闡發六三爻辭之義，大意是："陰柔在下者縱然有美德，只是含藏不露而用來輔助君王的事業，不敢把成功歸爲己有。這是地順天的道理，妻從夫的道理，臣忠君的道理。地順天的道理表明成功不歸己有而要替天效勞、奉事至終。"

第五段，原文作："天地變化，草木蕃；天地閉，賢人隱。《易》曰：'括囊，无咎无譽'，蓋言謹也。"這是闡發六四爻辭之義，大意是："天地運轉變化，草木繁衍旺盛；天地閉塞昏闇，賢人隱退匿跡。《周易》説：'束緊囊口，免遭咎害而不求贊譽'，大概是譬喻謹慎處世的道理吧。"

第六段，原文作："君子黃中通理，正位居體，美在其中，而暢於四支，發於事業：美之至也！"這是闡發六五爻辭之義，大意是："君子的美質好比黃色中和、通達文理，他身居正確的位置，才美蘊存在內心，暢流於四肢，發揮於事業：這是最美的美質啊！"

第七段，原文作："陰疑於陽必戰。爲其嫌於無陽也，故稱龍焉；猶未離其類也，故稱血焉。夫玄黃者，天地之雜也：天玄而地黃。"這是闡發上六爻辭之義，大意是："陰氣凝情於陽氣必然相互交合。作《易》者是怕讀者疑惑於《坤》沒有陽爻，所以在爻辭中稱龍代表陽；又因爲陰不曾離失其配偶陽，所以在爻辭中稱血代表陰陽交合。至於血的顏色爲青黃相雜，這是説明天地陰陽的血交互混和：天爲青色、地爲黃色啊。"

從《坤》卦《文言傳》的七段文辭看，可知與《乾》卦

《文言傳》一樣，對卦爻辭作了深刻解説，將全卦的象徵旨趣分析得頗爲透徹。

根據上面對《坤》卦的卦辭、爻辭、《彖傳》、《象傳》、《文言傳》的理解，我們也可以將該卦的意義總結如下：

《周易》以《坤》卦繼《乾》之後，寓有"天尊地卑"、"地以承天"的意旨。全卦大義，在於揭示"陰"與"陽"既相對立、又相依存的關係。在這對矛盾中，"陰"處於附從的、次要的地位，依順於"陽"而存在、發展。就其卦象看，《坤》以"地"爲象徵形象，其義主"順"。卦辭强調要像"雌馬"一樣守正，要隨從人後、由人作主，要安順守持正固可獲吉祥，均已明示柔順之義。六爻進一步抒發"陰"在附從"陽"的前提下發展變化的規律，其中六二處下守中，六五居尊謙下，六三、六四或"奉君"、或"退處"，皆呈柔順之德；而初六踩上微霜迎來堅冰，上六巨龍在原野交合，兩相對照，又體現了陰氣積微必著、盛極返陽的現象。

上文我們分析了《乾》、《坤》兩卦的經傳內容，並歸結了兩卦的基本含義。現在，我們把這兩個純陽、純陰的卦綜合起來理解，則可以看到，兩卦所體現的陰爻陽爻特徵，爻位發展規律，剛柔變化情狀，事實上是《周易》六十四卦的通同之例。那麼，細心領會了《乾》、《坤》兩卦的內容含義，就在很大程度上掌握了進一步探討六十四卦經義的要點。再聯繫《繫辭上傳》説的"一陰一陽之謂道"這句話，我們又可明白，《周易》一書發端於《乾》、《坤》兩卦，流露著貫穿《周

　　《周易》中《乾》卦第一爻的爻辭説:"初九,潛龍勿用。"意思是:陽剛之氣正處在微小之時,猶如巨龍潛伏水底,必須養精蓄鋭,不可急於施展才華。這是用來比喻人的時機未到,應當努力潛修,把握時機,以待來日的進一步發展。

易》全書的一種重要觀點：陰陽兩大力量的相互作用，是宇宙間事物運動、變化、發展的源泉。理解了這一點，則前文提出的"《乾》、《坤》是《周易》的門户"的問題就不解自明了。而研讀《周易》六十四卦應當先從《乾》、《坤》兩卦入門，也自然會引起讀者足够的重視。

正是鑒於《乾》、《坤》爲"門户"這一情實，我們在上文着重講析了這兩卦的内容要義，《屯》以下六十二卦則未之及。意圖在於：讀者一旦掌握了《乾》、《坤》之義，則其餘各卦遂可沿此門徑深入自學，必可漸悟《周易》全書的義理内涵。

第十章 《周易》是用來算卦占筮的嗎

　　有時，到書肆購買有關《周易》的書籍，往往會聽到售貨員用帶點神秘的語調説：“這是算命的書，您要買嗎?”可見，人們對《周易》的認識，有不少是片面地以爲它只是作爲“算卦占筮”之用的作品。

　　當然，這種認識也並非毫無依據，因爲《周易》産生之初，實是“爲卜筮而作”。但我們所要修正的，是此書雖曾被用來占筮，而其本質乃是哲學著作；也就是前文説過的，它是“以占筮爲表，以哲學爲裏”。而且，僅就“占筮”一端來説，《易》筮的運用實有它的歷史背景與發展流變過程。因此，對這一問題也有必要作一番簡要的解説，以使讀者樹立正確而全面的認識。

一、先秦時期用《周易》占筮的淵源

　　在先秦時代，最爲通行的預測吉凶的方法有兩種：一是“卜”，二是“筮”。“卜”是用龜甲或獸骨，將之灼鑽穿洞，視洞沿的裂紋形狀占斷吉凶，隨卜將結果刻寫於甲或骨上（今存殷墟甲骨文即是），而沒有預先編定卜辭；“筮”是用五十根蓍草，演算出卦形，根據所得之卦的卦象和卦爻辭來判斷吉凶。

　　先秦典籍中，記載《易》筮例子最多的是《左傳》和《國語》。這些筮例，所涉及的多是上層統治階級問疑決難之事。如《左傳》莊公二十二年記載陳厲公生了一個兒子，想知道幼兒的前程如何，便請周王朝的史官占了一卦；閔公元年記載，畢萬想在晉國做官，便用《周易》占了一卦；閔公二年記載，魯桓公的妻子將要分娩，桓公欲知這個未來子女的吉凶，就占了一卦；僖公十五年記載，晉獻公想把女兒伯姬嫁給秦穆公爲妻，於是占了一卦；同年記載，秦穆公攻打晉國之前，爲此占了一卦；僖公二十五年記載，周朝廷內亂，周襄王逃往鄭國，晉狐偃勸文公出兵送襄王回國，文公讓卜偃占了一卦；成公十六年記載，晉國和楚國在鄢陵打仗，臨戰前，晉侯想預測戰局的勝負，曾占了一卦；襄公九年記載，魯宣公的妻子穆姜曾經設謀廢除嗣君未成，被貶入東宮，臨赴東宮前，占了一卦以問來日吉凶；昭公五年記載，魯國的叔孫莊叔（名得臣）次子初生，爲此占了一卦；昭公七年記載，衛襄公去世，衛國大夫對立長子還是次子爲君的問題未能決定，於是占了一卦；昭公十二年記載，魯國的南蒯想背叛魯國投降齊國，爲此占了一卦；哀公九年記載，宋國攻打鄭國，晉國的陽虎占了一卦，以決定晉國是否要攻宋救鄭。《國語》中類似這樣的筮例也有一些，如《周語》記載，晉成公客居在周王朝，臨將歸國前，占了一卦；《晉語》記載，晉公子重耳（即後來的晉文公）出亡，想借用秦國的力量奪回晉國，爲此占了一卦；又記載秦穆公收納重耳，用兵力幫助重耳回晉，也讓董因占了一卦。

　　從上面舉的簡單例子看，先秦時代《易》筮的運用十分廣泛。那些上層人物，出兵打仗要占卦，生兒育女要占卦，幼主登位要占卦，嫁女娶妻要占卦，甚至出走叛逃、遭受貶謫都要占上一卦，以測前程吉凶。至於在占卦過程中，如何判斷所問事件的得失利弊，則往往是因人而異，即占卦者並非絕對以所筮得卦爻辭的吉凶爲吉凶，而是根據他自己對事件的分析並參照卦爻辭的内容作出自己認爲滿意的解釋。譬如《左傳》襄公二十五年有這樣一段記載：

　　齊國的大夫崔杼去弔唁棠公之死，看到棠公的遺孀棠姜年輕貌美，遂生愛慕之心。這時，崔杼的妻子也剛死不久，便想把棠姜娶過來作繼室。崔杼的手下認爲不妥當，勸他勿娶。崔杼就用《周易》占了一卦，占得《困》卦變爲《大過》卦。這是《困》卦第三爻六三變動所致。六三爻辭説："困于石，據于蒺蔾；入于其宮，不見其妻，凶。"意思是："困守在巨石下，石堅難入；憑據在蒺蔾上，棘刺難踐；即使退回自家居室，也盼不到配人爲妻的一天，有凶險。"崔杼的下僚根據這則爻辭，認爲是大凶之兆，絕不可娶棠姜。但崔杼對棠姜一見傾心，他解釋説："棠姜是寡婦，娶她沒有妨礙；如果占得這一卦是凶兆，那凶兆早已在她死去的丈夫身上應驗過了。"於是，崔杼執意娶了棠姜。不久，齊莊公利用到崔家的機會，與棠姜多次私通。崔杼知道内情後，大爲惱火，就設計把莊公殺了，另立新君。第二年，崔杼和棠姜生了一個兒子。第三年，爲確立家族繼承人問題，崔杼與前妻所生的兩個兒子產生衝突，崔氏的政敵慶封乘機插手，殺了崔氏全家，奪取了他的全部人口和財貨，棠姜上吊而死。崔杼面臨家破人亡的境地，也上吊死了。在三年之間，崔杼由於娶棠姜爲妻而釀成大禍，終於使崔杼整個家族徹底覆滅。

讀了這個筮例，人們或許會驚訝，《周易》爻辭所斷定的"凶"兆，是何等準確啊，可惜崔杼不聽勸告，自取滅亡。事實上不能這樣簡單地看。就崔杼娶棠姜爲妻而言，由於當時錯綜複雜的政治背景，以及各家族之間矛盾重重的人際關係，故崔杼一旦娶了棠姜必然要引來許多難以對付的事端，也就爲他最終敗亡埋下了無法避免的禍根。崔杼的手下人就是清楚地估計了這種形勢，才借著占卦所得結果進行發揮引申，闡述他們的看法。倘若崔杼占卦得到的是吉祥之兆，他們照樣也會推衍出"凶"的結果來。因爲《周易》哲學強調"變動"，吉可變凶，凶可變吉，這就爲占筮者提供了十分寬裕的推論餘地。所以，我們在閱讀古代史籍中記載的《周易》筮例時，要具體分析當時的歷史背景和占筮者的思辨能力，才能獲得科學的認識，而避免陷入迷信的泥淖。

先秦文獻中，《周禮》、《禮記》、《尚書》、《詩經》等均有對《易》筮的簡略記載，但記載較多、較詳細的則是《左傳》、《國語》兩書。可見，《周易》的筮法創立之後，即被長期沿用，至春秋時代仍十分盛行。至於用《周易》占筮的具體程序是怎樣的呢？這方面的記錄，最早的材料見於《繫辭上傳》。後來歷代學者對之又有諸多闡説推衍，而南宋朱熹

《周易本義》卷首所載一篇《筮儀》最爲初學者所取用研習。下面即根據這些材料，略述《易》筮的程序和方法問題。

二、《周易》占筮的程序及方法

《繫辭上傳》指出：《周易》含有四方面"聖人之道"，其中一項是"占筮"，並在"大衍之數"章中專節概述了筮法的要旨。這節文字是：

> 大衍之數五十，其用四十有九。分而爲二以象兩，掛一以象三，揲（音蛇 shé）之以四以象四時，歸奇於扐（音樂 lè）以象閏，五歲再閏，故再扐而後掛。……是故四營而成易，十有八變而成卦。八卦而小成。引而伸之，觸類而長之，天下之能事畢矣。

這幾句話說得十分簡單扼要，初學者理解起來頗爲不易。朱熹《周易本義》卷首所載的一篇《筮儀》，即以上述幾句話爲提綱，詳細解說了《周易》筮法的基本程序。下面依照這篇《筮儀》所叙，對《易》筮過程作一分析。

（一）一　變

首先，準備50根蓍（音師 shī）草（舊時稱爲"靈草"，專供占筮之用，氣味芬香，可避免蟲咬），放在圓木筒中；再準備一個方形木盤，盤中刻兩個大槽，大槽左側又刻三個小槽。這就是占筮用的所有工具。占筮時，筮者兩手拿起 50 根蓍策，用左手取出其中的一根返回木筒中（留一策不用以象太極，叫做"虛一不用"）亦即《繫辭上傳》説的"大衍之數五十，其用四十有九"（"大衍"，猶言"廣爲衍繹"）。再用左右手隨意把 49 策分爲兩部分，置於木盤上的左右兩大槽中，象徵"天地"陰陽兩儀，這是"第一營"（營，猶言"經營"），亦即《繫辭上傳》説的"分而爲二以象兩"。

其次，用左手取出左大槽中的蓍草，再用右手從右大槽的蓍策中取出一根掛在左手手指之間，配合左右大槽的蓍策而象徵"天地人"三才，這是"第二營"，亦即《繫辭上傳》説的"掛一以象三"。

再次，用右手四策一組地分算左手的蓍策，稱爲"揲四"，象徵一年四季，這是"第三營"的前半部分，即《繫辭上傳》説的"揲之以四以象四時"。

再次，將"揲四"所餘的蓍策（或一策、或二策、或三策、或四策）夾扐（演蓍時掛蓍草於手指間曰扐）在左手無名指間，象徵歲時中的"閏月"，這是"第四營"的前半部分，即《繫辭上傳》説"歸奇於扐以象閏"。

再次，用右手將"過揲之策"（即前頭已經揲算過的蓍策）放回木盤上的左大槽中，並取出右大槽中的蓍策，用左

　　孔穎達（574—648），唐初河北人。任國子祭酒。唐太宗李
世民曾委托他主持修撰《五經正義》。他召集了很多學者，共
同研討。《周易正義》是當時《五經正義》中的一本，取三國
魏王弼、晉韓康伯的《周易注》爲依據，孔穎達親爲疏通解
釋。唐代科舉考試，就以這本書作爲《周易》教材。

手如上述之法四策一組地揲算，這是"第三營"的後半部分。

　　再次，將此次"揲四"所餘的蓍策（或一策、或二策、或三策、或四策）夾扐在左手中指之間，象徵歲時五年之後出現第二次"閏月"，這是"第四營"的後半部分，即《繫辭上傳》説的"五歲再閏，故再扐而後掛"。

　　經過上述的六道程序，"四營"已告一個段落，就可以把右手的"過揲之策"也放回木盤的右大槽中，並將左手指間"一掛二扐"之策放在木盤左側的第一小槽中，這就是"一變"。檢查"一變"的結果，須看左手三指間的"一掛二扐"之數，這時，兩次夾扐的餘策，左大槽若餘一策則右大槽必餘三策，左餘二策則右亦二策，左餘三策則右必一策，左餘四策則右亦四策；合"一掛二扐"之策，則非五即九，即爲"一變"的結果。《周易》占筮的起步就在第一變，事實上，第一變的所有程序爲以後的每一變展示了可資依循的最基本模式。所以，對第一變的情況，我們要予以足夠的重視。這一情況可以列表示如：

第一變所得掛扐之數表

掛策數 （掛一）	左大槽餘策數 （一扐）	右大槽餘策數 （再扐）	一變得數 （一掛二扐）
1	1 2 3	3 2 1	5
	4	4	9

（二）二　變

　　"一變"之後，將左右兩大槽的"一變"過揲之策合在一起，再按"一變"的程序"分二、掛一、揲四、歸奇"而如法四營一周，然後把"一掛二扐"之策放在木盤左側的第二小槽中，這就完成了"二變"。"二變"的結果，也須看左手三指間的"一掛二扐"之數，這時，兩次夾扐的餘策，與第一變頗不同，即左大槽若餘一策則右大槽必餘二策，左餘二策則右必餘一策，左餘三策則右必餘四策，左餘四策則右必餘三策。因此，合而計之，第二變所得掛扐之策的總數，非四即八。這一情況也可以列表示如：

第二變所得掛扐之數表

掛策數 （掛一）	左大槽餘策數 （一扐）	右大槽餘策數 （再扐）	二變得數 （一掛二扐）
1	1 2	2 1	4
	3 4	4 3	8

（三）三　變

　　"二變"之後，再將左右兩大槽的"二變"過揲之策合在一起，又按"一變"、"二變"的程序"四營"，然後把"一掛二扐"之策放在木盤左側的第三小槽中，這就完成了"三變"。"三變"的結果，仍須看左手三指間的"一掛二扐"之數，這時，兩次夾扐的餘策，與第二變完全相同，即左大槽若餘一策則右大槽必餘二策，左餘二策則右必餘一策，左餘三策則右必餘四策，左餘四策則右必餘三策。因此，合而計之，第三變所得掛扐之策的總數，也是非四即八。這一情況也可以列表示如：

第三變所得掛扐之數表

掛策數（掛一）	左大槽餘策數（一扐）	右大槽餘策數（再扐）	三變得數（一掛二扐）
1	1 2	2 1	4
	3 4	4 3	8

（四）三變成一爻

　　三變完畢之後就可以根據三次變化所得掛扐之數的情況，

並結合第三變的過揲之數，畫下所成之爻，這就是"三變成一爻"。三次變化所得的"掛扐之數"的情況，無非"五"、"四"、"九"、"八"這四種概率。對於這四種因揲蓍過程所得出的特殊數字，古代易家又分別將之歸納為兩種稱呼——將五、四稱作"奇"數（因為兩數中均只含一個"四"，所以稱"奇"；又因為這兩數較"九"、"八"為少，所以也稱"少"）。又將九、八稱作"偶"數（因為兩數中均含有兩個"四"，所以稱"偶"；又因為這兩數較"五"、"四"為多，所以也稱"多"）。這樣，三次變化後可以推得出的成爻情況就有四類：

（1）三奇

如果三次變化所得掛扐之數為"三奇"（即"五、四、四"，也稱"三少"），三者相加為十三，這樣第三變之後所剩"過揲之策"為三十六策（即四十九減去十三），除以四得"九"，為"老陽"之數，畫符號"□"表示，筮家也稱為"重"。

為什麼要把"過揲之數"除以四呢？推其因，蓋每一變皆為"四營"而成，而"四營"的最關鍵步驟是"揲四"，即每四策一組地分算蓍策，故被揲算過的策數必然為四的倍數，而欲求其精約之結果，必當再用四除之。因此，將"過揲之數"除四，便得出每次變化的最終數字。

（2）三偶

如果三次變化所得掛扐之數為"三偶"（即"九、八、八"，也稱"三多"），三者相加爲二十五，這樣第三變之後所剩"過揲之策"爲二十四策（即四十九減去二十五），除以四得"六"，爲"老陰"之數，畫符號"×"表示，筮家也稱爲"交"。

（3）兩偶一奇

如果三次變化所得掛扐之數爲"兩偶一奇"（即"九、八、四"，或"九、四、八"，或"五、八、八"，也稱"兩多一少"），三者相加二十一，這樣第三變之後所剩"過揲之策"爲二十八策（即四十九減去二十一），除以四得"七"爲"少陽"之數，畫符號"━"表示，筮家也稱爲"單"。

（4）兩奇一偶

如果三次變化所得掛扐之數爲"兩奇一偶"（即"五、四、八"，或"五、八、四"，或"九、四、四"，也稱"兩少一多"），三者相加爲十七，這樣第三變之後所剩"過揲之策"爲三十二策（即四十九減去十七），除以四得"八"，爲"少陰"之數，畫符號"╍"表示，筮家也稱爲"拆"。

顯而易見，三次變化之後，我們看到的著策揲算的現象均逃不過上述四種結果——其所得掛扐之數皆在三奇、三偶、兩偶一奇、兩奇一偶之間徘徊。數學是那樣玄妙，又那樣簡單；而數學一旦與《易》筮結合起來，則又產生了何等撲朔迷離的色彩！但我們的任務卻在於，讓看似複雜萬端的占筮之術重新回歸到極爲簡單的數學原理之中，而最初步驟便是明瞭《易》筮"三變成一爻"之所以然。這一問題解決了，則有關筮法的一切疑難均將不復存在。簡言之，《周易》的筮法凡三變必成一爻，所成之爻無非老陽、老陰、少陽、少陰（簡稱"陰陽老少"），用數字象徵即是九、六、七、八，也合稱爲"重、交、單、拆"。

　　至若爲什麼把"陰陽老少"、"九六七八"的結果用"□"、"×"、"▬▬"、"▬▬"來表示，大概是古代筮家約定俗成的規範形式，至少從"▬▬"和"▬▬"的符號中我們看到了"陽"和"陰"的原始象徵符號的沿承情況，而"□"和"×"則無疑也是兩種被人們長期認可的標識記號。然而，把"九六七八"之數用"重交單拆"作爲別稱，初覽之下，不禁令人頗爲費解。其實，倘細爲思考，此類別稱也含藏着諸多可以令人心領神會的合理因素——"重"者，陽剛之重疊，故爲"老陽"之別稱；"交"者，陰柔之交叉，故爲"老陰"之別稱；"單"者，單純之一陽，故爲"少陽"之別稱；"拆"者，由單純一陽拆開而分出一陰，故爲"少陰"之別稱。依此思之，"重交單拆"之爲"陰陽老少"、爲"九六七八"，豈不是頗易理解了嗎？當然，這只是筆者一己之見，尚未有切實可靠的文獻史料依據，唯述此以與讀者共相研討，並俟來日進一步取證。

　　關於"三變成爻"的結果，我們也可以列表示如：

三變成一爻表

三　變	第一變		第二變		第三變	
掛扐數	5	9	4	8	4	8
成爻 推斷	成爻的四種情況					
掛扐數之和	5+4+4		9+8+8		9+4+8 （或 5+8+8）	5+4+8 （或 9+4+4）
奇　偶	三　奇		三　偶		兩偶一奇	兩奇一偶
多　少	三　少		三　多		兩多一少	兩少一多
計　算	49－ （5+4+4）		49－ （9+8+8）		49－ （9+4+8） 或（5+8+8）	49－ （5+4+8） 或（9+4+4）
過揲數 （除以四）	36 （÷4）		24 （÷4）		28 （÷4）	32 （÷4）
商　數	9		6		7	8
陰　陽	老　陽		老　陰		少　陽	少　陰
別　稱	重		交		單	拆
符　號	□		×		━━	▬ ▬

　　“三變成一爻”在《周易》著占過程中是十分重要的步驟，此後第四變至第十八變，均是前三變的重復循環。

（五）十八變成一卦

　　三變既成一爻，再將四十九根著策合爲一處，如前三變之例反復揲算，每歷三變均又成一爻，這樣共經歷 18 次變化就得六爻而形成一卦。其中開首三變所得爲初爻，第四到六變所得爲二爻，第七至九變所得爲三爻，第十至十二變所得爲四爻，第十三至十五變所得爲五爻，第十六至十八變所得爲上爻。這就是《周易》筮法"四營成一變"、"三變成一爻"、"十八變成一卦"的大體程式。現在俗語中常說的"女大十八變"，即是從筮法用語中套用來的。

（六）依卦推論的法式

根據上文所述程序揲算出一卦之後，古人又是怎樣推斷吉凶的呢？原來，揲筮所得的卦形中，有可變之爻，有不變之爻，其中"老陽"、"老陰"可變，"少陽"、"少陰"不變。《周易》占筮，原則是占動爻不占靜爻，亦即占"九"、"六"，不占"七"、"八"，所以六十四卦三百八十四爻的陽爻和陰爻均用"九"、"六"表示。這樣，在筮得的卦形中，若有一爻或數爻爲"動爻"（即"老陽"或"老陰"），其爻陰可變陽，陽可變陰，該卦就變成另一卦；此時，筮得的卦形稱"本卦"，所變的卦形稱"之卦"，某卦變成某卦即稱"某之某"（如"《否》之《觀》"、"《明夷》之《泰》"等即是）。占筮時，便是依據筮得卦形的變或不變情況，占斷吉凶利弊。關於占斷的細則，前人說法不一。南宋朱熹與其學生蔡元定合撰《易學啟蒙》一書，歸納出七條筮占法式，可資參考：

（1）一爻變

卦中若有一爻變動，就用"本卦"變爻的爻辭占斷吉凶。

（2）二爻變

卦中若有二爻變動，就用"本卦"兩個變爻的爻辭占斷吉凶，但以居上的一爻爲主。

（3）三爻變

卦中若有三爻變動，就用"本卦"及"之卦"的卦辭占斷吉凶，以本卦爲主而以之卦爲輔。

（4）四爻變

卦中若有四爻變動，就用"之卦"的兩個不變爻的爻辭占斷吉凶，但以居下的一爻爲主。

（5）五爻變

卦中若有五爻變動，就用"之卦"的一個不變爻的爻辭占斷吉凶。

（6）六爻變

卦中若六爻皆變動，分兩種情況：如果筮得六爻皆爲純老陽或純老陰，卦成《乾》、《坤》，則《乾》卦以"用九"文辭占斷，《坤》卦以"用六"文辭占斷；其他六爻皆變，就用"之卦"的卦辭占斷。

（7）六爻皆不變

卦中若六爻皆不變動，就用"本卦"的卦辭占斷吉凶。

當然，上述七條只是朱熹和蔡元定總結出來的筮占法則，與《左傳》、《國語》所載筮例有的相合，有的不甚相合。這是因爲古代筮法常常是緣象求占，方法靈活，不能執一而定，并且筮家在占斷吉凶時往往兼取"互體"以及八卦的諸多喻象來相互配合而作出解説。

《周易》筮法，不僅在先秦時代頗爲盛行，即使秦漢以後也常被人們運用。尚秉和先生撰《周易古筮考》一書，就從歷代史籍中輯錄了不少這類筮案。如其中一則唐代的資料是這樣説的：

唐代有個叫路宴的人，夜間上廁所，有強盜埋伏在廁所旁。路宴忽然心生驚悸，急忙舉燭火照出強盜埋伏之處。強盜拔劍現身，説道："請別驚怕，我是受命前來刺殺您的。但我也懂得辨明是非忠邪，我已經知道您是個正直不阿的人，所以今天不會殺您。"説完就收劍回身而去。路宴驚魂未定，於是每天晝夜惶恐戒備，以防再遭刺客暗算。一天，請一位名董賀的人替他算卦，占得《夬》卦（䷪）第二爻變動，董賀説："根據卦象和爻辭的意思，確實有人想加害您，但現在災難已經過去了，您只要守持中正之德，必能長保平安，不用憂慮。"後來路宴果然不再碰到禍患。

在這則例子中，由於筮得《夬》卦第二爻變動，董賀即用"本卦"變爻的爻辭占斷吉凶。《夬》卦九二爻辭作："惕號，莫夜有戎，勿恤。"其大意是："時刻戒惕呼號，儘管深夜出現兵戎之事，也不必憂慮。"内容正與路宴的情況相合。所以董賀勸告路宴可以免憂。此類例子，在各個時代的歷史資料中頗爲常見，足知《易》筮對人們的影響之大。

三、《周易》筮法的發展及其流變

先秦時代的《周易》占筮法流傳到西漢之後，又有較大的發展與各種變異，乃至流爲民間術士愈演愈繁的種種《易》占手段。這方面的情況頗爲複雜，此處擇取較重要者略作簡介。

（一）焦贛《易林》筮法

西漢焦贛，字延壽，寫了一部《易林》。此書按每卦均可以變成六十四卦中任何一卦的規律，排成 4 096 種卦變次序，每一種卦變都附有一則韻體文辭，稱爲“林辭”，供人占筮之用。

用《易林》占筮，也是先以揲蓍四營之法，經十八變成一卦，然後視“本卦”與“之卦”的情況尋找《易林》中相應的“某卦之某卦”的“林辭”來占斷吉凶；若筮得“本卦”六爻皆不變，則取《易林》中的“本卦”的“林辭”來占斷。這種筮法，沿用了先秦的揲蓍演卦程序，但不取卦爻辭占斷，而是另編一套文辭作占斷之用。

（二）京房筮法

西漢京房，字君明，是焦贛的學生。他跟從焦贛研究易學，盡得焦氏陰陽占筮的真傳。爲官期間，經常通過占筮來解說自然災異和社會現象，並藉以抨擊朝政。焦贛曾預言："學了我的陰陽占筮的道理，而招來殺身之禍的，必然是京房。"後來京房果然蒙遭用占筮"誹謗政治"的罪名被朝廷逮捕處死。

京房對《周易》筮法的發展與改造，大約體現於兩方面：

一是發明了"金錢代蓍"法，也稱"金錢卜"。其法是用三枚銅錢代替蓍草，一次同時擲下三錢，以有字之面爲陰，無字之背爲陽，若遇三枚皆背爲"老陽"，即"三少"，其數爲"九"；若遇三枚皆面爲"老陰"，即"三多"，其數爲"六"；若遇兩枚面一枚背則爲"少陽"，即"兩多一少"，其數爲"七"；若遇兩枚背一枚面則爲"少陰"，即"兩少一多"，其數爲"八"。這樣，每擲一次得一爻，相當於"三變"；擲六次成一卦，相當於"十八變"。由於"金錢卜"的原理與蓍草揲卦無異，但操作程序却簡便得多，所以漢以後在民間十分流行，街肆卦攤上的"賣卜先生"大都使用此法，以致原初用50根蓍草演卦的方法反而鮮爲人知了。唐代詩人于鵠寫過一首《江南曲》："偶向江邊採白蘋，還隨女伴賽江神。衆中不敢分明語，暗擲金錢卜遠人。"（《全唐詩》卷十九《相和歌辭》）即言及"金錢代蓍"之事。足見當時的"金錢卜"似乎人人皆知，連年輕婦女思念遠方的郎君，祝其早歸，都用此法卜上一卦。

二是將五行、天干、地支與六十四卦的爻位相配合，並創造六親、世應、飛伏等條例，納入《周易》占筮的體系中，使筮法複雜化。後代題爲郭璞撰的《洞林》及題麻衣道者撰

　　陳摶（？—989），北宋初道士，字圖南，自號扶搖子。河南人，與呂洞賓等爲友。宋太宗賜號爲“希夷先生”。先隱居在武當山，後隱居在華山，又稱“華山老祖”。精通易學，作《先天圖》，以説明陰陽變化的道理。他曾把先天圖傳授給許多著名弟子，後來的劉牧、邵康節就是繼承他的學説。

的《火珠林》，均全盤沿用了京房的這些條例，在中國占卜史上流傳了近兩千年，至今一些喜好占筮的人仍在使用此法。

除焦贛、京房對《易》筮方法作了發展與改造之外，民間流行的各種筮法還很多。如相傳北宋邵康節發明的"梅花易數"也是一種，其有用字畫起卦的方法，如：求筮者隨手用楷書寫出兩個字，然後計算各字的筆畫數，以"先天"卦數"乾一、兌二、離三、震四、巽五、坎六、艮七、坤八"爲序，筆畫超八畫的從第九起再自"乾一、兌二"算下去，每字的最後一畫算至哪一卦就成爲其字的卦象，而以上字爲內卦，下字爲外卦，組成一個六畫卦形；然後把兩字筆畫數的總和除以六，若餘一則以初爻爲占斷，餘二則以二爻爲占斷，餘三則以三爻爲占斷，餘四則以四爻爲占斷，餘五則以五爻爲占斷，若整除則以上爻爲占斷。此類占筮方法，於古無徵，只能看作是後人創造出來的用以依附《周易》占斷吉凶的新方術而已。

總之，自《周易》筮法創立以後，對後代影響至大，其發展流變也十分廣泛多樣。作爲研究《周易》者，有必要瞭解這一歷史狀況，探討《易》筮產生、發展、演變的背景，從而對中國古代思想文化史的一條重要綫索有較爲明晰的認識。但如果盲目地崇拜《易》筮，一味對之津津樂道，奉爲至寶，以至棄置《周易》的經傳而不讀，則顯然是捨本求末之舉，在今天的時代是十分不足取的。這一點，初讀《周易》者務必明確，以免誤入歧途。

第十一章　太極圖是怎麼一回事

對於"太極圖"這一名稱，就是不懂《周易》的人大概也不會陌生。人們常常從卦攤、道袍、古代建築、出土文物上，甚至從當代小説、戲劇、電影、電視中，看到種種被稱爲"太極圖"的圖形。但真正談到"太極圖"究竟爲何物，具有哪些涵義，則非要作一番深刻的探討不可。

事實上，古代所傳的"太極圖"頗爲繁多，有儒家所傳的，有道教所傳的（《道藏》典籍中此類圖式十分衆多），還有不少是後代學者經過冥思苦想而獨創出的別出心裁之"太極圖"，可謂體式繁富，不一而足。但其中流傳最廣、影響最大、最爲歷代學者所認可的只有兩種：一爲"天地自然之圖"，一爲"周子太極圖"。這兩圖的寓義，均與《周易》哲理有一定關聯，所以下面分別試作解説。

一、"天地自然之圖"

這一圖外呈圓體，内作黑白"雙魚"合抱狀，展現出一種至爲優美、無限和諧的情態。其形作：

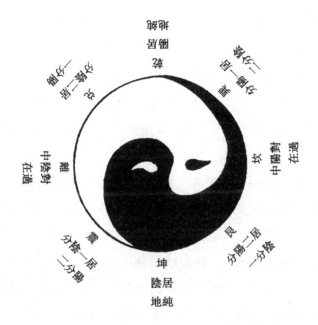

此圖也稱作"先天太極圖"、"太極真圖"，或簡稱"先天圖"、"太極圖"，俗呼則徑稱爲"雙魚圖"。這一圖在民間的傳播最爲廣泛，幾乎與八卦並列而家喻戶曉。

　　根據明代人趙撝謙的說法，上圖名爲"天地自然之圖"，是遠古時代伏羲氏見到的龍馬背上圖案的形狀，後來伏羲就依照這圖案畫出了八卦；又謂南宋朱熹的學生蔡元定曾經從四川的一位隱者那裏看到這幅圖，就將它買回來，秘而不傳。趙氏並稱他從"陳伯敷氏"那裏得到此圖，經過反復觀玩研究，認爲圖中"有太極涵陰陽，陰陽涵八卦自然之妙"（見趙撝謙《六書本義》）。

　　清代學者胡渭寫了一部《易圖明辨》，廣採舊說，對"天地自然之圖"的寓意作了較詳細的解釋。據他的解說，圖中含義約有三點：

1. 圓環包裹的一圈爲太極。

2. 兩邊黑白回互之體，白爲陽，黑爲陰。其中陰起於南，盛於北；陽始於北，盛於南。而陽極生陰，陰極生陽，故盛陽之中有一黑點，盛陰之中有一白點。

3. 黑白回互的"雙魚"體中，包涵着八卦形狀：東北陽一分、陰二分，爲震卦（☳）；東南陽二分、陰一分，爲兑卦（☱）；南方純陽，爲乾卦（☰）；東方陽一分、陰一分，合一白點，爲離卦（☲）；西南陰一分、陽二分，爲巽卦（☴）；西北陰二分、陽一分，爲艮卦（☶）；北方純陰，爲坤卦（☷）；西方陰一分、陽一分，合一黑點，爲坎卦（☵）。

在這裏，我們不禁驚嘆：古代創作這幅妙不可言的"天地自然之圖"（或謂太極圖）的天才智者，是憑著何等奇特的思維蘊蓄才能構思出如此精奧的圖形——隨著黑白合抱之雙魚的沒有起點與終點的不可思議的"遊動"，我們清晰地感悟到了"太極"既抽象又具體的存在，看到了陰陽兩端在至爲默契的配合下極有規律的運動變化，同時體驗到了八卦形體在這些運動變化中神奇地誕生了！於是，宇宙、大自然、人類社會的萬事萬物便有了它們產生與發展的富有深刻哲理色彩的"崇高模式"——東方遠古中國哲人的"世界生成模式"。或許，這裏仍含有不少我們還無法悟透的"玄機"，但它絕對影響不了我們對之發出由衷的嘆佩與贊美！

如果再進一步，讓我們把此圖按八個方位用圓直徑平均切割成八塊，在絕對平衡和諧的狀態中顯示出世間方位的最佳佈局，則圖中所含八卦的形狀更爲分明，而我們的驚嘆也無疑將更爲強烈。這便是如下一幅圖形：

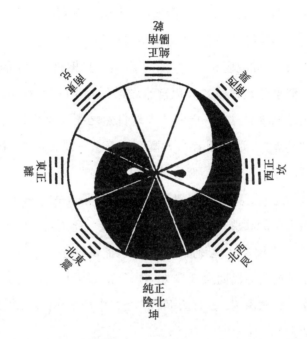

細察"太極"概念的含義，原指宇宙產生之前無形無狀、渾沌未分的氣體。再對照上圖，其黑白回環之狀，既備陰陽、八卦之用，已非"太極"本相，似不當名爲"太極圖"。所以杭辛齋指出："可謂之兩儀生四象，四象生八卦之圖。但流傳既久且遠，世俗已無人不認此爲太極圖者，所謂習非勝是，辨不勝辨，惟學者宜詳究其義理，因名責實，而求真

諦。"（《易楔》）

推考"天地自然之圖"的來源，所傳當較爲古遠。《道藏》輯錄的唐以前的資料中，就載有類似的圖形。朱熹曾經對學生説：楊龜山（楊時）有一天過訪黃季魯家，季魯向他求教《易》理，龜山取來一張紙，在上面畫個圓圈，用墨水將圓圈的一半涂黑，説道："這就是《周易》的道理。"朱熹因此評論曰："此説極好。"（《朱子語類》）楊龜山所畫的黑白圓圈，似乎即是根據"天地自然之圖"而作的示意。前面我們引用趙撝謙的説法，指出"天地自然之圖"是蔡元定得自四川"隱者"，這"隱者"大概就是道士一類的人物。因此，這幅圖的來歷，應當是傳自早期的"道家"者説，其産生時代是較古遠的。杭辛齋則認爲："此圖流傳甚古，蘊蓄宏深，決非後人所能臆造"，"要爲三代（指夏、商、周）以上之故物。"（《易楔》）這種推測，也可以備爲參考。

正由於這幅民間通稱"太極圖"的"天地自然之圖"流傳古遠、寓意深刻，所以人們將之視爲中華民族古老文化淵源的象徵。

二、"周子太極圖"

這幅圖是北宋周敦頤作的，與他所撰寫的《太極圖説》一文並行，圖旨在於展示"太極"生陰陽，陰陽參合"五行"而生成男女、萬物的衍化模式。圖形如下：

圖中自上而下分爲五層，各有一定的含義：

萬物化生

第一層，爲一大圓圈"○"，代表化生萬物的最初本體，即《太極圖說》第一句所講的"無極而太極"。

第二層，爲黑白三輪圖，也稱"水火匡廓圖"，右標"陰靜"，左標"陽動"，黑白三圈輪廓環抱，象徵"太極"動而生陽，靜而生陰，一動一靜，陰陽交相運行。

　　第三層，爲五行交合圖，也稱"三五至精圖"，象徵"陽變陰合"而生水、火、木、金、土。"五行"用五個小圈表示，分居五方，水居右上，火居左上，金居右下，木居左下，土居中央。代表"五行"的五個小圈，既交繫於其上的"三輪圖"，又自相聯繫。交繫於上，象徵陰以陽爲根，陽以陰爲根；自相聯繫，象徵水生木、木生火、火生土、土生金、金又生水，往復循環不已，正如五氣順佈、四時運行。五個小圈下，又有一小圈與金、水、火、木相連，代表陰陽二氣、五行密切交合。朱熹説："此無極二五（指二氣、五行）所以妙合無間也。"（《太極圖説解》）

　　第四層，也是一個大圓圈"○"，象徵陰陽、五行之所生成者皆稟"男""女"氣質，所以圓圈右邊標"坤道成女"，左邊標"乾道成男"。意思是，秉承坤道生成之物的氣質爲"陰"，秉承乾道生成之物的氣質爲"陽"；兩者相合，無非一個"太極"之理。

　　第五層，也是一個大圓圈"○"，象徵通過以上四個程序，便化生出大自然中形態萬殊的物體，所以圓圈下標有"萬物化生"。而推究大自然萬物的本根，無論大小巨細，也不過一個"太極"而已。用現代語言説，也就是：任何一種物質，均是自身矛盾（陰陽二氣）運動的組合體，猶如是原初"太極"化生出的"小太極"。

　　綜上五層圖式，從"太極"的陰陽動靜到萬物化生，層層推進，其基本宗旨是用以表達作者對宇宙生成程序的一種推測。

　　周敦頤寫的一篇《太極圖説》，便是解説這一圖形並闡述其哲學內涵的文字。全文如下：

　　　　無極而太極。太極動而生陽，動極而靜；靜而生陰，
　　靜極復動。一動一靜，互爲其根。分陰分陽，兩儀立焉。
　　陽變陰合，而生水、火、木、金、土。五氣順佈，四時行
　　焉。五行，一陰陽也；陰陽，一太極也；太極，本無極
　　也。五行之生也，各一其性。無極之真，二五之精，妙合
　　而凝，乾道成男，坤道成女。二氣交感，化生萬物。萬物
　　生生，而變化無窮焉。惟人也，得其秀而最靈。形既生
　　矣，神發知矣，五行感動而善惡分，萬事出焉。聖人定之
　　以中正仁義（自注：聖人之道仁義中正而已矣）而主靜
　　（自注：無欲故靜），立人極焉。故聖人與天地合其德，日
　　月合其明，四時合其序，鬼神合其吉凶。君子修之吉，小
　　人悖之凶。故曰：“立天之道，曰陰與陽；立地之道，曰
　　柔與剛；立人之道，曰仁與義。”又曰：“原始反終，故
　　知死生之説。”大哉《易》也，斯其至矣！

　　這篇文字的大意，可以分爲前後兩部分理解：

　　（一）前部分，自首至“變化無窮焉”，論宇宙萬物的化生模式。這部分含五小節，各與“周子太極圖”的五層圖式相配合而闡釋其義：第一節，爲首句“無極而太極”，釋第一

層圖式“○”；第二節，自“太極動而生陽”至“兩儀立焉”，釋第二層圖式“三輪圖”（陰靜陽動）；第三節，自“陽變陰合”至“各一其性”，釋第三層圖式“五行交合圖”；第四節，自“無極之真”至“坤道成女”，釋第四層圖式“○”（坤道成女，乾道成男）；第五節，自“二氣交感”至“變化無窮焉”釋第五層圖式“○”（萬物化生）。

（二）後部分，自“惟人也”至終，論人生應當遵循“太極”精微之理以爲用。這部分也含五小節，各述“太極”的“義理”及其應用之道。第一節，自“惟人也”至“萬事出焉”，論人生的一切行爲均含“動靜”的道理，而平常人往往失之於盲目、不合規律的“動”，應當引以爲戒；第二節，自“聖人定之以中正仁義”至“鬼神合其吉凶”，論“聖人”能夠適當合理地把持處身立世的“動靜”之道，並常常立足於“靜”，以“無欲”爲本，應當引爲傚法的楷模；第三節，爲“君子修之吉，小人悖之凶”兩句，舉“君子”、“小人”爲例，從正反兩方面説明對“太極”之理的兩種不同態度，其褒貶之意甚明；第四節，自“故曰”至“故知死生之説”，引用《周易》中《繫辭傳》的成句，證明“太極”之理的正確與精奧；第五節，爲“大哉《易》也，斯其至矣”兩句，歸結全文，指明“太極圖”的本質意義盡在《周易》哲理之中。

上面將《太極圖説》分爲兩部分十小節講解，均本於朱熹《太極圖説解》。周敦頤的“太極圖”及《圖説》問世以後，又經朱熹闡述，遂成爲宋代程朱理學的基礎理論之一。

　　周敦頤撰制"太極圖"及《圖說》，尚流傳着一個有趣的故事。據說，周敦頤的家鄉道州營道（今湖南道縣），有條濂溪，溪的西面十里處有一座山，高拔入雲。山中有個岩洞，洞口東西貫通，洞的中部空虛廓大，頂上呈圓形，就像一輪十五的月亮；如果從洞的東西兩端往中部看去，則中間洞頂就變得像上下弦的月體，當地人都稱爲"月岩"。相傳周敦頤幼年經常在"月岩洞"中遊玩，不斷觀察"月岩"的奇特形體，於是從"月岩"因人的視綫角度不同而呈現的變化體態中，悟出"太極"的陰陽動靜之理，後來就畫出"太極圖"，並撰寫了《太極圖說》（見度正《元公年表》，載《周濂溪先生全集》卷十）。這則傳說雖然未能斷定爲確切的史料，但周子製圖撰說必然經過長期周密的思考揣摩，則是不違情實的。

　　周敦頤的"太極圖"及《圖說》，在中國思想史上產生過重大影響。朱熹說過，宋代有四篇重要文字，其中居首的一篇便是《太極圖說》（見《朱子語類》）。朱熹與陸九淵兄弟關於"無極"、"太極"的著名論爭，也是由此而發。康熙《性理大全》書中，甚至把《太極圖說》稱爲"有宋理學之宗祖"，推崇至高。而後代學者更將"周子太極圖"與《太極圖說》合刻在石碑上，樹於各地，則進一步增廣了它的流傳與影響。

　　綜上所述，歷史上流傳的"天地自然之圖"與"周子太極圖"，雖然人們通常都稱爲"太極圖"，但却是兩種不同的東西。兩者除了形態各異外，尚有如下重要差別：前者廣泛流

　　周敦頤，北宋人。曾創作《太極圖》及《太極圖説》。據傳説，周子的家鄉有一條溪流，溪的西面十里處有座山，高拔入雲。山中有個岩洞，洞的東西兩面有兩個門貫通，洞中部空虛廊大，頂呈圓形，就像一輪十五的月亮。當地人稱爲“月岩”。如果從東邊看進去，中間的洞頂就像上弦月；從西邊看進去，中間的洞頂就像下弦月。周敦頤幼年時常在洞中遊玩，於是悟出“太極”動靜變化之理，後來終於創作出《太極圖》，寫了名垂千古的《太極圖説》。

傳於民間，後者側重傳播於學者之間；前者有圖無文，後者既有圖形又有《圖說》；前者在古代思想史上未產生明顯的理論性影響，後者爲宋明理學的重要基礎理論之一。

另外，我們還應當明白，這兩幅圖均是根據《周易》中《繫辭傳》所謂“太極”化生出“兩儀”、“四象”、“八卦”、“萬物”的學說，而作出的圖解式的衍申發揮；就圖形本身而言，雖不是在直接闡說《易》理，甚至是獨自表現一種別具體系的理論模式（如“周子太極圖”及其《圖說》），但它們仍然與《周易》思想有密切的關係。所以，讀《易》者也完全有必要對“太極圖”的產生及寓意略加瞭解，以廣見聞。

第十二章 《周易》學説的流傳經過了幾個階段

　　自從《周易》六十四卦及卦爻辭出現之後，就引起學者的極大重視。孔子或其後學撰述的《易傳》十篇，《左傳》、《國語》記載的許多《易》筮例子，反映了先秦時代《周易》學説的特色以及所達到的水平。

　　秦始皇兼併六國，統一天下，焚燬一切舊傳經典，《周易》作爲卜筮之書不屬焚燒之列，獨得幸存。所以，西漢初年復興經學，《周易》的傳授較其他諸經最爲無闕。而且，由於《易傳》十篇的流傳日益廣泛，並爲學者所高度重視，乃至被合入"經"中傳習，遂使歷代對《周易》的研究，均以經傳兩者爲主要對象。

　　從西漢到今天的兩千多年之間，縱覽時代的發展，《周易》學説的流傳大致可以分爲五個主要階段：漢魏六朝易學，唐代易學，宋代易學，元明清易學，現當代易學。下面依此五階段，略爲叙述各個歷史時期易學的基本特點及重要代表人物。

一、兩漢魏晉南北朝易學

這一階段的易學，可分三個時期：

（一）西 漢

西漢時期的易學，約有四個主要流派：一是"訓詁舉大誼"，即根據先秦《易》説，訓釋六十四卦大義，以周王孫、服光、王同、丁寬、楊何、蔡公、韓嬰七家所作闡《易》著述爲代表。二是"陰陽候災變"，即運用《周易》原理解釋大自然災異及人類社會的各種事變，以孟喜、京房、五鹿充宗、段嘉四家《易》説爲代表。三是"章句守師説"，遵循當時朝廷學官所立的經師傳授之學治《易》，稱爲"今文易學"，以施讎、孟喜、梁丘賀、京房四家博士所傳爲代表。四是"《十翼》解經意"，即民間私學傳授的經説，專取《易傳》十篇（《十翼》）解説六十四卦，稱爲"古文易學"，以費直、高相所傳爲代表。

以上孟喜、京房分列兩類，是由於兩家的章句之説爲正宗，而災變占驗之説則獨成一派。

在這四個流派的代表易家中，又以丁寬、孟喜、京房、費直對後代的影響最爲深遠。

丁寬，梁（今河南商丘）人，字子襄。曾經隨從項生學

《易》於經師田何，研探精敏，才力遠過項生，深受田何器重。學成之日，田何告訴他可以回去了。丁寬東歸後，田何對學生們說："《易》以東矣！"意思是讚嘆丁寬將帶著他的《周易》學說東去而產生巨大影響。後來，丁寬到洛陽，又跟從周王孫研習《周易》古義，學殖益深。漢景帝時，曾任梁孝王手下的將領，號丁將軍。撰《易說》三萬言，以其學傳授同郡田王孫。田王孫又傳授施讎、孟喜、梁丘賀，易學史上於是有了施、孟、梁丘之學。

孟喜，東海蘭陵（今山東蒼山蘭陵鎮）人，字長卿。孟喜的父親是當時研治《禮》、《春秋》的專家，但他認爲《禮經》太多、《春秋》繁雜，所以就讓孟喜學《周易》。孟喜與施讎、梁丘賀同向丁寬的弟子田王孫學《易》。他喜歡自我稱譽，曾經獲得易家陰陽候災變的書籍，便謊稱這是其師田王孫臨終時枕在他膝上獨傳予他的。儒生們聽說後，都紛紛稱贊孟喜。不久，同門梁丘賀揭發說："老師是死在施讎身旁，那時孟喜正返歸東海，並不在場，哪有這件事？"人們就不再信任孟喜的話。孟喜的易學，有《周易章句》，但長於陰陽占驗之學，以卦氣說爲本，對後來的《周易》占候學影響甚大。其學傳同郡白光（字少子）、沛翟牧（字子元），兩人都成爲《易經》博士。相傳《易林》的作者焦贛，也曾向孟喜學過《周易》。

京房（前77—前37），東郡頓丘（今河南清豐西南）人，字君明，本姓李，排律自定爲京氏。喜好音樂鐘律，據八卦原理用“三分損益法”將十二律擴展爲六十律。研治《周易》，拜焦贛爲師，擅長於用六十四卦分值四時氣候以解説陰陽災異、占驗人事吉凶。漢元帝初元四年（前45）以孝廉爲郎。立爲《易經》博士。他常常用《易》卦解説自然災變和社會政治的聯繫，屢次上疏元帝，所言多能應驗。但朝廷中的公卿大臣都認爲京房的言論繁瑣不可行。他曾經向元帝劾奏石顯專權，被石顯嫉恨在心。後來，因石顯進諂言，京房就被元帝貶爲魏郡太守。但他仍然上書給元帝，堅持用卦氣之説評議災變、朝政。石顯等人進一步誣告京房與叛黨通謀，“非謗政治，歸惡天子”，遂被下獄處死，年僅41歲。京房開初向焦贛學《周易》的時候，盡獲焦氏的陰陽候災變之傳。那時，焦氏就深懷憂慮地説：“得我道以亡身者，必京生也。”結果他的預言果然成爲現實。京房的易學，承孟喜、焦贛的傳授之脈，長於卦氣“六日七分”法，並提倡納甲、世應、飛伏、遊歸等術，後世《火珠林》一類的占筮法便是接受了京房的遺説，相傳以錢代著的“金錢卜”法也是他發明的，可見京房對中國古代占卜術的發展至有影響。

費直，東萊（郡治今山東掖縣）人，字長翁。仕爲郎，至單父令。研治古文易學，長於卦筮，不著《周易》章句，只以《彖傳》、《象傳》、《繫辭傳》、《文言傳》等解説上下經。因其無章句，未立於學官，僅在民間流傳。東漢以後，鄭衆、馬融、鄭玄、王弼等並傳費氏《易》，其影響便取代了其他各家。

（二）東　漢

東漢時期的易學，是沿承西漢的流派而發展的。其中對費氏易學的承傳較其他各家爲盛。如馬融、劉表、宋衷、王肅、董遇等人，紛紛爲費氏《易》作章句（因爲費氏無章句，所以諸家各爲之立注闡説），這是一派。鄭玄、荀爽則是先治京氏《易》，後來參治費氏《易》，即合京房、費氏之學而統化之，這是第二派。虞翻本治孟喜易學，又雜用《周易參同契》的納甲術爲説，這是第三派。陸績則專治京氏《易》，這是第四派。可見，東漢研《易》流派，與西漢的孟喜、京房、費直之學淵源至爲密切。

以上所舉各易家中，成就較大、影響較著的有鄭玄、荀爽、虞翻等人。

鄭玄（127—200），東漢北海高密（今屬山東）人，字康成。年少時家中貧困，當過鄉官"嗇夫"，不樂意爲吏，經常到學官處求教。進入太學讀書，隨從京兆第五元先問業，精通今文京氏易學、《春秋公羊傳》等。又西入關求學，拜扶風馬融爲師。馬融研究古文經學，當時收有門徒400多人。鄭玄在門下三年之久却見不到老師馬融，他所學的經典均是由同門高業弟子代師傳授。在這種情況下，鄭玄仍然堅持日夜研討經學，未嘗怠倦。有一天，馬融召集學生們考核討論有關"圖緯"問題，也接見了鄭玄。鄭玄精細辨析了這方面的疑義難題。考論完畢，鄭玄就向老師辭別，返歸山東。馬融對學生們喟然讚嘆説："鄭生今去，吾道東矣。"意思是，鄭玄帶著他已經成熟的滿腹學問東歸，我的學説將隨著他影響山東的衆多學者。鄭玄遊學十餘年，回到鄉里後，就聚衆講學，相隨他的弟子有成百上千人。不久，由於黨錮事起，鄭玄的講學被朝廷禁止，他就閉門隱修經業。當時有一個大學者叫何休的，喜好《春秋公羊傳》之學，寫了《公羊墨守》、《左氏膏肓》、《穀梁廢疾》等著述；鄭玄針對這些作品，撰寫《發墨守》、《鍼膏肓》、《起廢疾》等篇，一一駁斥何休的觀點。何休讀了之後，欽佩感嘆説："康成入吾室，操吾戈，以伐我乎！"漢靈帝殁，黨錮之禁解除，鄭玄又重新講學授徒，門下弟子從遠方前來求學者達數千人。當時的權勢人物何進、董卓、袁紹等先後延召聘用鄭玄，禮待甚優，鄭玄多以老病爲理由推辭。後來因袁紹逼迫，抱病隨軍，乃以疾病篤甚而逝世，年74歲。作爲東漢的經學大師，鄭玄以古文學爲主，兼採今文經説，著述囊括各種經典，凡100多萬言。在易學方面，他先治京氏《易》，後參以費氏《易》，創立了六十四卦爻辰説，並撰《周易注》九卷。

　　荀爽（128—190），潁川潁陰（今河南許昌）人，字慈明，一名諝。幼年好學，12歲就精通《春秋》、《論語》。當時的太尉杜喬見到荀爽，稱讚他："可爲人師。"平時耽思經書，不事慶弔應酬，不應官府征命。兄弟共八人，人們稱爲："荀氏八龍，慈明無雙。"後來被拜爲郎中，上疏指摘朝廷的政治弊病，盛稱儒家禮義。奏疏上達後，即棄官歸去。不久遭黨錮之禁，隱居著述，積十餘年研討，遂以"碩儒"著稱於世。董卓徵召，想躲避而未能，被拜爲平原相，旋又追加爲光禄勛，就任三日又進拜爲司空：從被徵命起，僅95日之間，由平民布衣昇至三公高位。但他看到董卓的政治日益殘暴，便與王允等共同圖謀推翻董氏政權，適遇疾病深重而逝世，年63歲。荀爽的著述廣涉群經、子史，共100多篇。在《周易》研究方面，他專治費直古文《易》，以《十翼》解說六十四卦經義，並創立"乾坤升降"的易學條例。

虞翻（164—233），會稽餘姚（今屬浙江）人，字仲翔。年少好學，有高氣。最初跟從王朗，後來隨孫策爲功曹。漢室曾召其爲侍御史，曹操以司空辟，均不應召。孫權執政東吳，拜爲騎都尉，常隨軍出謀劃策。禀性疏直，經常犯顏諫爭，又不與世俗協調，所以屢屢遭人毀謗。曾經被流放到楊涇縣（今屬安徽），後來獲釋。關羽戰敗，孫權讓虞翻占個卦，筮得《節》卦變爲《臨》卦，虞翻判斷說："不出二日，關羽必當斷頭。"兩天後果然應驗。孫權稱贊說："真可以與東方朔相匹敵啊！"孫權自號吳王，設宴歡飲，虞翻在席間佯醉失禮，險些遭殺。孫權與張昭談論神仙之事，虞翻指着張昭的鼻子斥道："那些全是死人，而妄稱爲神仙，世上哪有仙人呢？"這類事時常發生，孫權積怒之下，把虞翻流放到交州（今廣東、廣西一帶）。虞翻雖然處於流放的環境，却仍然講學不倦，隨從他的學生常有數百人。曾爲《老子》、《論語》、《國語》作注解，特別精通易學，提倡“納甲”、“旁通”、“之正”、“卦變”等條例。一天，給孔融寫了一封信，附上所注《易經》。孔融在回信中説：讀了虞翻的《易注》，才知道東南的美好，不僅僅是會稽的竹箭。虞翻把《易注》奏上朝廷，自稱其家五世研治孟氏《易》。奏文裏轉述了他同郡陳桃的一個奇異夢境：在夢中，陳桃見虞翻與一位道士相遇，道士佈《易》六爻，取三爻讓虞翻吞下，虞翻請求盡吞六爻，道士不允，説：“易道在天，三爻足矣！”虞翻根據陳桃的這個夢，認爲自己受命於天，理應精通《周易》。奏中還説他研究《周易》的特點，是全面改正了前代易家不妥當的見解。虞翻流放交州十餘年，70 歲時在該地逝世。

（三）魏晉南北朝

魏晉南北朝的易學，較前代有了重大的變化。變化的關鍵，是魏王弼《易注》的出現與盛行，從而使承傳 400 年的兩漢“象數”易學逐漸衰亡。

王弼（226—249），山陽（今河南焦作東）人，字輔嗣。少年聰慧，十餘歲時，喜好《老子》，通辯能言。當時何晏任吏部尚書，十分驚奇王弼的才華，讚嘆説：“孔子稱後生可畏，像這個人，真可以同他討論天人之間的道理。”王弼爲人通雋敏捷，不擅長於營求功名。好談玄學，對《周易》研治最深。性情和順，愛好遊宴，通曉音律。平日談論哲理，自然高拔，常以自己的長處譏誚他人，因此人們往往對之不滿。正始十年（249）秋，染癘疾而亡身，年僅 24 歲。著有《周易注》、《周易略例》、《老子注》、《周易大衍論》、《老子指略》、《論語釋疑》等書。前兩種對後代易學影響至大。

王弼的易學，在魏時就引人矚目。《三國志·魏志》裴松之注引何劭《王弼傳》載：

> 太原王濟好談，病《老》、《莊》。常云："見弼《易注》，所悟者多。"

晉以後，王弼《易注》日益盛行而獨冠於世。陸德明《經典釋文·序錄》指出：永嘉之亂，諸家之《易注》亡，"唯鄭康成、王輔嗣所注行於世，而王氏爲世所重"；又説："江左中興，《易》唯置王氏博士。"《隋書·經籍志》也敘述説：

> 後漢，陳元、鄭衆皆傳費氏之學，馬融又爲其《傳》以授鄭玄，玄作《易注》，苟爽又作《易傳》。魏代，王肅、王弼並爲之注，自是費氏大興，高氏遂衰。梁丘、施氏、高氏亡於西晉，孟氏、京氏有書無師。梁、陳，鄭玄、王弼二注列於國學。齊代唯傳鄭義。至隋，《王注》盛行，鄭學浸微，今殆絕矣。

這裏把東漢至隋代諸家易學的盛衰興廢作了扼要的分析，顯示

出王弼《易注》爲各代學者所接受的情實。孔穎達《周易正
義序》更高度讚揚王弼易學云：

> 傳《易》者，西都則有丁、孟、京、田，東都則有
> 荀、劉、馬、鄭，大體更相祖述，非有絕倫。唯魏世王輔
> 嗣之注，獨冠古今。所以江左諸儒，並傳其學；河北學
> 者，罕能及之。

可見，王弼易學的勢力，取代了兩漢諸家易學，籠罩於魏晉南
北朝之間，雖鄭玄之注也不能與之抗衡。到了唐初修撰《五
經正義》，《周易》定用王弼注本（《繫辭傳》以下王弼無注，
採用韓康伯注），一切舊説併廢。所以，王弼的《易注》，在
唐代幾乎定於一尊。歷宋、元、明、清，研討考辨王弼易學者
代不乏人，影響迄今未衰。

王弼的易學既對後代產生如此巨大的影響，那他的研
《易》特點及貢獻又有哪些呢？擇其最主要者言之，約有兩
方面：

其一，掃象數，闡哲理。

兩漢易家，多主“象數”之學，到王弼時代，已經積弊
至深。王弼《周易》學說的出現，則改變了一代學風。他置
四百年易學流俗於不顧，獨樹新幟，奮起矯正兩漢以降“象
數學”弊端，廓而清之。他提出“得意忘象”、“得象忘言”
的主張；並綜合發展了前人可取的易説，提倡“卦以存時”、

"案爻明體"、"承乘比應"、"卦主"等條例，着重從哲理角度闡說《周易》六十四卦的象徵意義。宋代學者推廣的與"象數學"相對峙的"義理學"，事實上從王弼發其端。至於王弼常據《老子》、《莊子》玄理以解《易》的特點，後世易家亦頗有詬病者。《四庫全書總目提要》認爲：王弼闡明義理，使《易》不雜於術數，則深爲有功；祖尚虛無，使《易》竟入於老、莊，則不能無過。並謂"瑕瑜不掩，是其定評"（《周易注提要》）。又指出：

> 《易》本卜筮之書，故末派寖流於讖緯。王弼乘其極敝而攻之，遂能排擊漢儒，自標新學。（《周易正義提要》）

這一評價，是較爲公允的。

其二，改定《周易》經傳體例。

《周易》經傳原皆單行，後來經師爲便於學者研習起見，將經文與傳文合爲一本並行，即爲後代通行的援傳連經之本。西漢初，費直治古文《易》，無章句，徒以《十翼》解說經意，這是援傳連經的濫觴。東漢，鄭玄傳費氏《易》，分《彖傳》、《象傳》爲六十四組，各附六十四卦經文之後，於諸卦《彖》、《象》前增題"彖曰"、"象曰"，以別於經文。這是鄭玄對費直所傳《周易》經傳參合本體例所作的修訂，使援傳連經的規式初成範本。至王弼繼起，對經傳合併本《周易》的

　　朱熹（1130—1200），南宋徽州人，久居福建建陽。精
通《周易》學説，所作《周易本義》、《易學啓蒙》等書，
爲宋代"義理學"的代表。他的《周易本義》，還成爲元、
明、清三代科舉考試中長期沿用的《周易》教科書範本。

體例更作改定。所改定的要點有二：一是，將《象傳》再行離析，以《彖傳》、《大象傳》分附卦辭後，各爻《小象傳》分附爻辭後，使《彖》、《象》附經更爲貼近。只留《乾》卦仍依鄭玄舊本之例，大概是爲了讓讀者明瞭古本的體式。二是，將《文言傳》分割爲兩部分，各附在《乾》、《坤》兩卦的卦爻辭、《彖傳》、《象傳》之後，並各題"文言曰"以標明之。經過王弼的改定，費直、鄭玄所傳《周易》經傳參合本就以規範形式盛行了1 700多年，至今猶然。儘管宋代以後學者力圖恢復古《易》舊式，但最終也難以取代王弼的傳本。

二、唐代易學

唐代的易學，可分爲主流與支流兩方面叙述：

（一）主流，以孔穎達《周易正義》爲代表

唐代初年，朝廷修撰《五經正義》，孔穎達等人主持其事。《周易正義》採用王弼、韓康伯的注本，孔穎達爲之作疏。王弼所注《周易》，只包括六十四卦經文以及《彖傳》、《象傳》、《文言傳》，而《繫辭傳》以下不注。後來，謝萬、韓康伯、袁悦之、桓玄、卜伯玉、荀柔之、徐爰、顧歡、明僧紹、劉瓛等十人相繼補注，因韓注獨得盛行，其餘九家皆亡。孔穎達的疏解，即根據王、韓舊注，詳爲闡釋，其中基本觀

點均是依循王弼之説（韓康伯注《繫辭傳》以下亦本王義），間或引用別家説法互爲比較參證。所以，統治唐代易學領域的雖是《周易正義》，但起根本影響作用的仍是王弼的易學思想。

孔穎達（574—648），冀州衡水（今屬河北）人，字沖遠。生於北朝，少時曾經跟從劉焯問學。隋大業初，選爲"明經"，授河内郡博士。入唐之後，歷任國子博士、國子司業、國子祭酒諸職。他主持撰修的《五經正義》，是奉唐太宗之命進行的。由於唐代科舉取士是以《五經正義》爲教科書，所以其書影響至大，而在唐代易學界起主導作用的亦爲《周易正義》一書。

（二）支流，以李鼎祚《周易集解》爲代表

唐代易學的主流既以《周易正義》爲代表，其基本觀點沿承王弼掃"象數"、闡哲理的主張，但也未曾阻止兩漢"象數"易學的餘緒在一定範圍内的流傳。這一點，主要體現於李鼎祚編撰的《周易集解》。此書廣採兩漢以迄唐代象數易家的注《易》之説，凡得三十餘家，其宗旨在於黜玄言，崇象數。

李鼎祚，《唐書》未立傳，故其事跡未詳。據其他少數資料，知其爲資州（今四川資陽以南，内江市以北）人，生活年代爲天寶以後，曾任秘書省著作郎。他撰輯的《周易集

解》，在《周易》象數學盡廢的年代，保留了不少這方面的學説。經歷唐、宋、元、明諸朝，研究李鼎祚《周易集解》者並不多見，到清代崇尚漢《易》的學者才對之高度重視，成爲研討漢魏象數易學的最重要資料。

三、宋代易學

《周易》學説發展到宋代，又起了一個重大變化，形成與"漢易"相對峙的"宋易"。

宋代易學，大致可分爲三派：

（一）圖書之學

此派以道士陳摶開其端，相繼傳授給劉牧、邵雍等人，以《先天圖》、《後天圖》、《河圖》、《洛書》等圖爲説，使易學研究別生一條途徑。

陳摶（？—989），五代末宋初道士，亳州真源（今河南鹿邑）人，字圖南，自號扶搖子。後唐長興（930—933）中，舉進士不第，就隱居到武當山。後來又移居華山，與隱士李琪、呂洞賓等爲友。後周世宗喜好外丹之術，顯德三年（956）曾召見陳摶，向他詢問外丹術，遂賜號爲"白雲先生"。北宋太平興國年間來到京師，向宋太宗建議遠招賢士，近去佞臣，輕賦萬民，重賞三軍，太宗頗欣賞，賜號"希夷先生"。平生精於易學,其特點是"不煩文字解說,止有一圖,以寓其陰陽消長之數,與卦之生變"(邵伯温《易學辨惑》)。據傳曾作《無極圖》和《先天圖》,前者爲道家所主張萬物生成歸源"無極"的圖說,後者爲六十四卦的衍生圖式。著有《易龍圖》、《九室指玄篇》等,均已亡佚。今存題爲陳搏所作的《陰真君還丹歌注》,收入《道藏》。

劉牧,北宋衢州西安(今浙江衢州)人,字先之。舉進士及第,後調州軍事推官。曾與州將爭論公事,被排擠,險遭殺身之禍。遇范仲淹,劉牧大喜,說"此吾師也"。遂拜范爲師。范仲淹巡撫河南,薦舉劉牧,於是爲兗州觀察推官。累官荆湖北路轉運判官。平生精研易學,遠承陳搏之傳。著有《易解》、《卦德通論》、《先儒遺論九事》、《易學象數鈎隱圖》。後者今尚存,收入《道藏》及《四庫全書》。

邵雍(1010—1077),北宋共城(今河南輝縣)人,字堯夫,謐康節。曾隱居蘇門山百源之上,後人稱爲百源先生。朝廷屢徵召授官,均不赴。與周敦頤、張載、程顥、程頤合稱"北宋五子"。接受陳搏一派所傳先天象數易學。隱居讀書期間,四時耕稼,自給衣食,將其居室名爲"安樂窩",自號"安樂先生"。根據先天象數易理,提出"天地亦有終始"(即毀滅又復生)的觀點,並提出用"元會運世"來計算天地歷史的方法;認爲現世的人類社會已盛極而衰,將歷史分爲"皇、帝、王、霸"四種時期。主張一代不如一代的歷史觀。著有《皇極經世》、《伊川擊壤集》、《漁樵問答》等。

（二）專闡儒理

北宋胡瑗、程頤，專以儒家倫理道德闡說《易》義，其說兼取《十翼》與王弼易學而廣爲發揮，自成一派，對後代深有影響。至南宋朱熹，全盤接受程頤的易學，又採納陳摶、邵雍"圖書"之學，全面推廣闡揚，遂有"宋易"之名與"漢易"相對峙。

胡瑗（993—1059），北宋泰州海陵（今江蘇泰州）人，字翼之。世居陝西路安定堡，學者稱安定先生。官至太常博士。與孫復、石介提倡"以仁義禮樂爲學"，並稱"宋初三先生"。主教蘇、湖二州二十餘年，從學者衆多。以儒家之理解《易》，著有《周易口義》，由其弟子倪天隱記述師說，故名"口義"，收入《四庫全書》。

程頤（1038—1107），北宋洛陽（今屬河南）人，字正叔，世稱伊川先生。官至崇政殿說書。反對王安石新政，哲宗時被列爲姦黨，貶至四川涪州。從事講學和著述三十餘年。與其兄程顥同學於周敦頤，同爲理學奠基人，合稱"二程"。易學專著有《周易程氏傳》，承胡瑗之學以儒理解《易》，詳述六十四卦的旨趣，唯《繫辭傳》以下不注。其觀點對南宋朱熹頗有影響。後代學者又將程頤的《周易程氏傳》與朱熹的《周易本義》合稱"傳義"，元、明易家多遵循程、朱之說治《易》。

朱熹（1130—1200），南宋徽州婺源（今屬江西）人，久居建陽（今屬福建）。字元晦，一字仲晦，號晦庵，別號考亭、紫陽。青年時師事李侗，爲程顥、程頤的四傳弟子。曾任泉州同安主簿、知南康軍、秘閣修撰等職。主張抗金，認爲“和議有百害而無一利”；强調“蓄鋭待時”，反對盲目用兵。平生博極群書，凡經、史著述以及諸子、佛老、天文、地理之學，無不廣涉深研。且對各家學説融會貫通，繼承并發展二程的思想，集宋代理學之大成，建立起完整的理學體系，與二程合稱爲“程朱學派”。在易學方面的建樹，以《周易本義》、《易學啓蒙》爲主，是後人稱爲“宋易”的重要代表。他的《周易本義》，成爲元、明、清三朝科舉考試中長期沿用的《周易》教科書範本。

（三）以史證《易》

南宋李光、楊萬里，雖不廢胡瑗、程頤以儒理闡《易》的舊風，但更注意援引歷代史實，與六十四卦、三百八十四爻的義理相互印證，以揭明各卦、各爻的象徵旨趣。這種方法，又自成一派，對後代易學也頗有影響。自此以後，易學派別的分歧，日益繁多。

李光，越州上虞（今屬浙江）人，字泰發。少年時知禮老成，不喜歡嬉戲，他父親稱贊他説：“我的兒子真像雲間鶴，將來可能會振興我們的門第。”北宋崇寧五年（1106）

進士。師事劉安世。除太常博士，遷司封，曾論士大夫佞諛成風，言辭切至，被權臣王黼所嫉惡，貶陽朔縣。入南宋，於高宗時累遷至吏部尚書、參知政事，向朝廷所論諫的均是復國統一的根本大計。因忤逆秦檜而被罷官。卒後諡爲莊簡。易學著述有《讀易詳説》，是以史證《易》的第一部專著。

楊萬里（1124—1206），南宋吉州吉水（今江西吉水）人，字廷秀，號誠齋。既是文學家，又是思想家。紹興年間進士。曾官奉新知縣、常州知縣、廣東提點刑獄、左司郎中等，累至秘書監。力主抗金，曾上《千慮策》，反對投降觀點。易學著述有《誠齋易傳》，與李光的《讀易詳説》同爲以史證《易》的重要著作。

四、元明清易學

自元代至清，《周易》學説的發展大體上是在漢、宋兩大流派的基礎上衍申開拓的。

元代易學家，大都篤守程頤、朱熹的遺説，如吳澄《易纂言》、胡震《周易衍義》等皆是代表作。

明初葉仍是如此，如胡廣《周易大全》、蔡清《易經蒙引》等書影響較著。明中葉以後，出現了以"狂禪"解經的學者，如方時化《學易述談》四卷，總是以禪機作爲抒論的要點；徐世淳《易就》六卷，解《易》言辭處處流露出禪家的語調；蘇濬《周易冥冥篇》，觀其書名，便可知顯示着援禪入《易》的特色；至釋智旭《周易禪解》，更明言以禪解《易》，是這方面著述的重要代表作。這又是當時易學流派的一個旁支。

至清代學者輩出，注重漢學，務求徵實，如惠棟《周易述》、《易漢學》，張惠言《周易虞氏義》即是著名作品。此時，"宋易"遂飽受攻擊而漸趨消沉，風氣又爲之一變。

元明清三朝的易家，兹舉吳澄、智旭、惠棟、張惠言四人略爲簡介。

吳澄（1243—1313），元撫州崇仁（今屬江西）人，字幼清。曾任國子司業、翰林學士、經筵講官。因他所居的寓齋題爲"草廬"，學者又稱爲"草廬先生"。其學説本於南宋朱熹，兼採陸九淵的説法，主張折衷朱、陸。他的易學著述《易纂言》，是《五經纂言》中的第一種。

智旭（1599—1655），明末高僧，蘇州吳縣（今屬江蘇）人。俗姓鍾，名際明，字蕅益（一作藕益），號八不道人，又從所居而稱靈峯老人。少年時研習儒家經典，誓滅釋、老，著有《闢佛論》數十篇。後來讀了蓮池《自知錄序》及《竹窗隨筆》，才開始篤信佛教，將過去的論著盡數焚燬。24 歲就憨山弟子雪嶺剃度出家，法號智旭。此後廣涉各宗，主張禪、教、律三學融合，佛、道、儒三教一致。與憨山、紫柏、蓮池並稱明代"四大高僧"。崇禎間住持江浙各地，佛學著述甚豐。其中介紹佛教典籍的目錄學著作《閲藏知津》四十四卷，爲研習佛典的入門書。又本着"誘儒以知禪"的宗旨，作《周易禪解》十卷，援引佛理説《易》，所論並非盡涉虛無，頗有可取的地方。

惠棟（1697—1758），清蘇州吳縣（今屬江蘇）人。字定宇，號松崖，人稱小紅豆先生。爲著名經學家惠周惕的孫子、士奇的次子。惠家世代篤守古學，而惠棟所得最見精深。早年研究文詞、史籍，旁涉諸子百家及佛學、道教，後來專心於經術。治經以博聞强記見長，主張尊古訓、守家法，認爲漢經師之説與經並行，凡是出於漢儒的説法都應當遵循。易學著作《周易述》，繼承父輩治《易》傳統，專門搜集漢儒《易》説，加以編輯考訂，末編附以己見，以發明漢易之理，並論述《河圖》、《洛書》和宋代先天、太極之學的關係；又有《易漢學》一書，羅列漢代主要易家的説《易》條例，詳加考辨，爲研探漢易的重要參考書。

張惠言（1761—1802），清江蘇武進人。字皋文。嘉慶進士。官翰林院編修。平生治經最重《易》、《儀禮》。在易學方面，認爲漢魏易家所傳學説唯虞翻之説較爲詳備，所以專治虞易，著有《周易虞氏義》、《虞氏消息》、《虞氏易禮》、《虞氏易候》；除關於虞氏易的著述外，又有《易義別錄》、《易緯略義》、《易圖條辨》等傳世。

清乾隆間，編修《四庫全書》，《四庫》館臣綜觀易學歷史的源流變遷，把先秦以來的易學發展概括爲"兩派六宗"。其説指出：

　　《左傳》所記諸占，蓋猶太卜之遺法。漢儒言象數，去古未遠也；一變而爲京、焦，入於禨祥；再變而爲陳、邵，務窮造化，《易》遂不切於民用。王弼盡黜象數，説以老、莊；一變而胡瑗、程子，始闡明儒理；再變而李光、楊萬里，又參證史事，《易》遂日啓其論端。此兩派六宗，已互相攻駁。（《四庫全書總目·經部·易類小序》）

　　這一説法歸納了易學史上最有影響的流派。總其大端，即爲“象數”、“義理”兩派。“象數派”的正宗學説，見於漢魏學者以《易》象（八卦的衆多卦象）、《易》數（陰陽奇偶之數）爲解《易》途徑，既切合占筮的用途，又發揮《易》理的深藴。“義理派”主於闡明《周易》的哲學大義，王弼以老、莊思想解《易》已開其風氣，至胡瑗、程頤則蔚爲大觀，而李光、楊萬里援史證《易》則又將義理易説進一步引申推展、發揚光大。平心而論，漢儒以“象數”解《易》，有時執泥卦象，並雜入種種術數之説，每使《易》義支離破碎。王弼一掃舊習，獨樹新幟，援玄理爲説固屬一弊，但他也並非盡棄象數，其宗旨實在於探尋完整的易象，把握易理内藴，使六十四卦經義條貫不紊。所以，“象數”、“義理”兩派立説互有可取之處。近人吳承仕先生説：“名物爲象數所依，象數爲義理而設”（《檢齋讀書提要》），即是表明兩派的主張應當相互參用，才能明辨《周易》大旨。

但"兩派六宗"只是針對易學的主要流派而言，尚不足以盡賅《周易》研究的廣闊領域。所以《四庫全書總目·經部·易類小序》繼續説道：

> 又《易》道廣大，無所不包，旁及天文、地理、樂律、兵法、韻學、算術，以逮方外之爐火，皆可援《易》以爲説，而好異者又援以入《易》，故易説愈繁。

可見，從先秦到清代的易學研究史中，所涉及的學術領域是十分寬廣的。

五、現當代易學

辛亥革命以後，易學研究的趨勢出現了一個重大變化。即除了繼承前人的成果，在象數、義理兩方面進行深入探討之外，更多的學者注重於接受現當代科學理論，從各種新角度探討《周易》。其中有從史學的角度探討《周易》的史料價值，有從唯物論和辯證法的角度探討《周易》的哲學意義，有從文學的角度探討《周易》的文藝學價值，有從自然科學（包括數學、物理學、化學、天文學、歷學、醫學、量子力學、生物遺傳學等）角度探討《周易》與諸學科原理的相通之處，有運用不同的方法探討《周易》經傳的名義、作者、創作年代、發源地域諸問題，等等。這期間出現的較有影響的易學

　　《周易》中《乾》卦第五爻的爻辭説："九五，飛龍在天，利見大人。"意思是：陽剛之氣發展旺盛，猶如巨龍飛上高天，利於出現大人物。這是譬喻人們的事業獲得最圓滿的成功，各方面形勢最爲美好。舊時代曾把君主登上帝位，稱爲居"九五之尊"。

兩大家：一是杭辛齋，著有《易數偶得》、《學易筆談初集》、《學易筆談二集》、《易楔》、《讀易雜識》、《愚一齋易說訂》、《改正揲蓍法》等七種，主於貫通舊學新知，蔚爲一家之言。二是尚秉和先生，著有《周易古筮考》、《焦氏易詁》、《焦氏易林注》、《易說評議》、《周易尚氏學》等書，專研象數之學，創爲新說，"解決了舊所不解的不可勝數的《易》象問題"（于省吾《周易尚氏學序》），甚爲學術界所推重。

近年來，湖南長沙馬王堆漢墓出土的《帛書周易》，引起了人們的研究興趣。《帛書周易》包括六十四卦經文、《繫辭傳》及卷後佚書。由於《帛書周易》與通行本不盡相同，所以學術界對它的研究大致圍遶四個方面：（一）關於《帛書》六十四卦的卦序問題。（二）《帛書》卦爻辭文字與各本的異同問題。（三）《卷後佚書》的考證問題。（四）《繫辭傳》殘卷的辨析問題。儘管目前諸問題的探討尚未取得定論，但隨著研究的深入，必將有新的成果出現。

總之，從先秦兩漢至現當代的兩千多年中，《周易》研究的歷史是漫長的，易學流派及著述是繁雜衆多的。清代學者皮錫瑞認爲："說《易》之書最多，可取者少"（《經學通論》），此說或有一定依據。但作爲一項學術研究的課題，我們應當認真考辨歷史上的種種既有成果，揚榷是非，釐定得失，才能在前人努力的基礎上進一步促使這門學問的研究向前推展。

第十三章　研究《周易》應當掌握哪些主要方法

　　研究《周易》，必須把握一定的方法。尤其是今天，我們要運用科學理論品評這部書在學術史上的各方面價值，更必須掌握正確的研究方法。

　　《周易》研究的方法論問題，曾經引起學術界熱烈討論。討論的中心集結於兩點：一是，研究《周易》是否應當以“傳”解“經”；二是，在研究中如何劃分現代觀念與古人思想的界限。但此類討論僅涉及局部範圍，尚未深入展開，所以也未能作出全面的結論。

　　事實上，易學史中的不同流派，往往都採用過各具特色的研究方法。如《左傳》、《國語》所載《易》說重在“本卦”、“之卦”的交變，漢儒解《易》常用“互體”、“卦變”、“卦氣”、“納甲”、“爻辰”、“升降”、“消息”、“之正”等法，王弼《易注》參以老莊哲理，程頤《易傳》貫注着儒家思想，李光、楊萬里援史證《易》，等等，均在一定程度上反映前人對易學研究方法的不同理解及運用。

　　那麼，今天我們必須採用怎樣的方法研究《周易》呢？筆者認爲，應當把握以下幾個要點。

一、從源溯流

這是要求在明確易學發展史的基礎上，推溯歷史上最有影響的易學流派，歸趨本源，然後博覽群書。這點可按四個步驟展開：

1. 易學研究的根本對象是《周易》經傳，所以研究者首先必須熟讀經傳本文，明其大義，並結合考明《左傳》、《國語》所記載的古筮例，以瞭解先秦易學的大體輪廓。

2. 研讀漢魏易家的古注。李鼎祚《周易集解》所存最多。

3. 觀覽六朝、隋、唐各家義疏。孔穎達《周易正義》多本於六朝易家的義疏。

4. 參考宋、元以來各家的經説。宋人易説以朱熹的《周易本義》最爲重要，其他宋、元人經説多存於《通志堂經解》，清儒經説以《皇清經解》、《續皇清經解》中所收爲最多。

以上幾個步驟，强調研讀古注；不從古注入手的人，必將"迷不知本源"。但古代《易》注書籍十分繁多，初學者可能有無所適從的疑難。這裏可以注意分清主次，即最重要的三部書，應當先讀通。一是唐代李鼎祚的《周易集解》，此書輯存了漢魏至隋唐三十多家易説，主於以"象數"解《易》，是今天研究象數易學的必讀之書。清代李道平《周易集解纂疏》，對此書作了較詳細的疏解，是研讀此書的輔助參考讀物。二是《周易正義》，此書是魏王弼、晉韓康伯注，唐孔穎達疏，代

表了王弼掃象數、標玄學的一大重要易學流派的觀點。此書收
入《十三經注疏》中。三是南宋朱熹的《周易本義》，這是
《周易》義理學的重要代表作，注解簡明通俗，最適合於初學
者研習。這三部書讀通了，事實上便把握了歷代易學舊注的精
要，而研究《周易》也就走上了正軌。

二、強幹弱枝

《周易》源本象數，發爲義理。所以研究易學必須以象
數、義理爲主幹，此外所旁及的領域，如涉及天文、地理、樂
律、兵法、韵學、算術及至現代科學的説法，都屬於枝附。當
然，把"枝附"砍光，只注意"主幹"，也不是正確的方法。
但我們應當抓住最根本的"主幹"，才能明辨"枝附"的可取
與不可取的分別，以決定去取。如果不由主幹而尋枝附，必將
"渾不辨主客"。

三、以傳解經

在明確《周易》經傳既相區別又相聯繫的基礎上，應當
以《易傳》（即《十翼》）爲解經的首要依據。經傳的創作
時代不同，所以兩者反映的思想也互有差異。但《易傳》的
宗旨在於闡發經義，又屬現存最早的先秦時期有系統的論
《易》專著，則不可不視爲今天探討《周易》六十四卦經義的

最重要的參考資料。馬其昶《重定周易費氏學》引秦蕙田説：
"以經解畫，以傳解經；合則是，而離則非。"就是强調用卦
爻辭解析卦形符號，用《易傳》解析卦爻辭。這一説法是頗
爲可取的。

四、抓住"象徵"特色

應當掌握六十四卦表現哲理的特殊方式——象徵。《周
易》的最初應用雖是占筮，但它的本質内藴則爲哲學。前人
講象數不離義理，叙義理不廢象數，可知兩者本不能截然割
裂；而"象"與"理"的結合，正是《周易》卦形、卦爻辭
"象徵"特色的體現。朱熹説："《易》難看，不比他書。
《易》説一個物，非真是一個物，如説龍非真龍。"（《朱子語
類》）這裏講的"龍"，就是《乾》卦六爻爻辭所擬取的象
徵形象，其内在意義是用來象徵事物的"剛健"氣質。掌握
了"象徵"規律，有利於熔"象數"、"義理"於一爐而治
之，可以較完整地挖掘《周易》的本質思想。

五、掌握前代《易》例

《周易》研究中，含有許多特定的，與其他學科或領域的
研究不同的義例。所以，必須盡可能掌握前人總結出來的切
實可用的易學條例。比如我們在第四章專門分析過的六爻居

位特徵、承乘比應關係及卦時、卦主、中正等規律，都是最基本的《易》例。明確了這些義例，有利於闡發卦形符號象徵中所包含的“時間”、“空間”觀念以及導致事物變化、發展的特點。

六、注意有關考古資料

《周易》自產生之後，其學說的流傳經歷了數千年。這期間有不少資料散佚、流失，而在後代考古中又偶或有所發現。所以，我們應當注意結合考古學界發現的有關《周易》資料，細密辨析《周易》經傳的本來面目及易學史研究中的各方面問題。如近年出土的《帛書周易》，即是值得注意的材料。

七、重視多學科比較研究

《周易》的基本性質雖然是側重於哲學，但其內容包羅廣泛，有不少學科可以與之旁通，或直接、間接地受到影響。因此，應當重視《周易》與其他各學科、各課題相互貫通的比較研究。如《周易》經傳的文學價值、史學價值、美學價值、文字音韵學價值以及在古代科技史研究中的價值或對現當代科技的啓示等，都有認真發掘的必要。至於《周易》與西方古代哲學的比較，也是頗有意義的一個研究方向。

八、吸收國外易學研究成果

  《周易》在中國是一部重要古籍文獻，而它在國外的流傳也是很早就開始了，並引起不少國外學者的研究興趣。所以，我們還應當注意國外漢學者研究《周易》的成果，吸收其可取的因素，以增進中外文化學術的交流。二十世紀以來，國外研究《周易》較有影響的漢學家不乏其人，如日本學者鈴木由次郎、户田豐三郎、高田真治，德國學者衛禮賢（Richard Wilhelm）、衛德明（Hellmut Wilhelm）父子，俄國學者舒茨基（Ю. К. Шуцкий）等人，治《易》成就顯著，在國外漢學界享有盛名，他們的成果都值得我們取資參考。

  以上所述，只是筆者對《周易》研究方法中具體問題的大略認識。有不少是從本師六庵教授的治《易》思想中汲取來的，如認爲讀《易》當“從源溯流，强幹弱枝”，“不從古注入手者，是爲迷不知本源”，“不由主幹而尋枝附者，是爲渾不辨主客”之類的觀點，正是先生之精闢見解（見《論易學之門庭》，載《福建師範大學學報》1980 年第 3 期，又載《周易研究論文集》第一輯，北京師範大學出版社 1987 年出版）。至於各學科研究中必須普遍遵循的原則性方法，如以嚴謹科學、實事求是、知人論世、公允持正的觀點分析問題、解決問題等，則無疑也是研究《周易》不可或缺的指導思想。

  歷史在前進，科學在發展。隨著人們認識的不斷提高，思維方式的不斷更新，《周易》研究必將能够出現嶄新的面貌。

同時，我們還應當看到，《周易》一書不但是中國古代文化的珍貴遺産，也是全人類文化寶庫中的一顆奇異明珠——它的各方面價值，需要今天的學術界作出新的、科學的認識，以評定其在社會科學、自然科學諸領域中的歷史意義和現實意義——我們相信，經過人們的深入研究、努力闡揚，《周易》豐富的思想内容必將在世界學術之林煥發出更加絢麗奪目的光彩。

後　記

　　寫出以上十三章，大體是遵循書首《前言》所説的宗旨：敘談有關易學常識，幫助初學者尋求讀《易》門徑。當然，是否能够如筆者所願，達到上述目的，則需要讀者在研探《周易》的實踐中加以驗證。

　　《周易》這部書在古代經典中最爲艱深，自古以來各種歧異的説《易》觀點就不少，以致許多學人對它望而生畏。時至今日，研究易學者誠然尚大有人在，出現的注釋、講解《周易》的著作也屢屢可見，但由於著書者的師承門户有異、學力深淺不同，更重要的是對易學史上的諸多流派、義例甚至對經傳本文的理解尤有透徹與膚淺之明顯差距，所以，當今問世的易著中的良者、莠者不啻天壤之别。因此，讀者在研治《周易》中善於擇取好的參考書，是十分重要的。

　　鑒於這點，本書的撰寫決不敢苟且輕率。所叙内容必當有理有據，所示觀點必當明晰通達；不持門户之見，不泥一家之言。唯期有關易學的主要問題能得到較完整、系統的論述，以使讀者閱後能獲得一些有益的啓迪。此中不期然的謬誤或許未能盡免，則俟識者有以匡正。

　　作爲“入門”讀物，筆者在撰寫中力求通俗簡捷，深入

淺出。但由於《周易》本身隱奧晦澀，易家條例紛多複雜等
特點所限，本書的“通俗”性似乎也只能達到筆者竭盡努力
所至的程度。凡屬認真閱讀本書的初學者，諒必不難體味筆者
的這番努力。

近來中外學者常把《周易》看作世界一大奇書。我想，
它的“奇”，大概就奇在運用最簡單的符號展示最繁富的哲
理；這一哲理所反映的深具啓示意義的事物運動變化發展的規
律，又廣涉大自然、社會、人生的巨細不遺的各個領域。這或
許是一部薄薄的《周易》，之所以能夠經久不衰地吸引古今中
外許多探求人類思想奧秘的人們極大興趣的重要原因吧！

筆者相信，一切有志於研治《周易》的讀者，只要沿著
正確的途徑，把握正確的方法，經過嚴謹認真的探求，假以一
定的時日，必能對這門學問有所深入掌握，並在取得獨到創獲
中享受無窮的樂趣。

張善文